Open Europe Berlin ist eine eigenständige deutsche Denkfabrik mit europäischer Ausrichtung. Um die Herausforderungen des 21. Jahrhunderts zu bestehen, sind in der Europäischen Union grundlegende Reformen nötig, die den Prinzipien der Demokratie, Subsidiarität, Eigenverantwortlichkeit und Transparenz Rechnung tragen.

UNSERE AUTOREN

Michael WOHLGEMUTH

Direktor | Open Europe Berlin

Prof. Dr. Michael Wohlgemuth ist Volkswirt und Direktor der Open Europe Berlin gGmbH. Promotion an der Universität Jena, Habilitation an der Universität Witten/Herdecke. Forschungsaufenthalte, Lehraufträge und Vertretungsprofessuren u.a. an der George Mason University, New York University, und den Universitäten Freiburg, Innsbruck, Erfurt und Bayreuth. 2002-2012 geschäftsführender Forschungsreferent am Walter Eucken Institut. Michael Wohlgemuth ist u.a. Professur für politische Ökonomie an der Universität Witten/Herdecke, Sprecher der "Jenaer Allianz für die Erneuerung der Sozialen Marktwirtschaft", Kollegprofessor des Promotionskollegs "Soziale Markt-wirtschaft" der

Konrad Adenauer Stiftung und Associate Fellow am Ratio Institute, Stockholm.

Gérard BÖKENKAMP

Stellv. Direktor | Open Europe Berlin

Dr. Gérard Bökenkamp (Jahrgang 1980) ist Historiker und stellvertretender Direktor von Open Europe Berlin. Sein Forschungsgebiet ist die Geschichte der Wirtschafts- und Innenpolitik der Bundesrepublik Deutschland. Seine Doktorarbeit erschien unter dem Titel "Das Ende des Wirtschaftswunders". Dafür wurde er 2011 mit dem Europapreis des Vereins Berliner Kaufleute und Industrieller (VBKI) ausgezeichnet. Er hat zahlreiche Artikel, Rezensionen, Blog- und Radiobeiträge zu politischen und wirtschaftlichen Themen veröffentlicht. Weitere Interessengebiete sind Wirtschaftsgeschichte, die Philosophie und Geschichte des Liberalismus, neue Medien und Demographie. Er wurde von den Lesern von Freiheit.org zum „Autor der Freiheit 2009" gewählt. Weitere Buchveröffentlichungen u. a. : Milton Friedman für Jedermann. Der Ökonomische Freiheitskämpfer.

Edward ALDRED

Praktikant & Projektleiter (Brexit) | Open Europe Berlin

Stephen BOOTH

Co-director | Open Europe London

Enrico COLOMBATTO

Professor für Ökonomie | Universität Turin

Ottmar ISSING
Ehem. Chefvolkswirt | EZB & Deutsche Bundesbank
Präsident | Center for Financial Studies, Universität Frankfurt

Peter Graf KIELMANSEGG
Prof. em. | Universität Mannheim

SD Prinz Michael von LIECHTENSTEIN
Direktor | Geopolitical Intelligence Services

John O'DONNELL
Transparency International & freier Journalist

Mats PERSSON
Ehem. Direktor | Open Europe

Hubertus PORSCHEN
Bundesvorsitzender | DIE JUNGEN UNTERNEHMER

Alan POSENER
Autor und Korrespondent für Politik & Gesellschaft | Die Welt Gruppe

Raoul RUPAREL
Co-director | Open Europe London

Frank SCHÄFFLER
Politiker (FDP) | MdB 2005-13

Günter VERHEUGEN
ehem. Vizepräsident der EU-Kommission

Herstellung und Verlag:
BoD - Books on Demand, Norderstedt
ISBN 978-3-7412-1134-8

INHALT

VORWORT

Open Europe Berlin hat seit seiner Gründung im Herbst 2012 neben ausführlicheren Forschungsbeiträgen zu EU-relevanten Themen über 500 Blogbeiträge in drei Sprachen veröffentlicht. Seit klar wurde, dass es zu einem EU-Referendum in Großbritannien kommen würde, haben wir verstärkt über Möglichkeiten der EU-Reform und flexibleren Integrationsmodellen nachgedacht. Hierzu kamen dann Beiträge zum Verlauf der Debatte in Großbritannien sowie zu möglichen Folgen eines „Brexit" auch für Deutschland und die EU. Wir dokumentieren hier eine Auswahl der Beiträge. Besonderen Dank schulden wir den vielen Gastautoren, die ihre jeweiligen Perspektiven eingebracht haben und uns erlauben, auch weiterhin für eine lebendige Debatte zur Zukunft der Europäischen Union zu sorgen.

EDWARD ALDRED, GÉRARD BÖKENKAMP UND MICHAEL WOHLGEMUTH

TIMELINE

2013

January: David Cameron promises a referendum on Britain's EU membership if his Conservative Party wins a majority in the 2015 General Election

2015

7 May: Conservatives unexpectedly win a majority in General Election

27 May: Queen's Speech outlining government's planned legislation includes mention of EU referendum

28 May: Legislation to authorise EU referendum brought to House of Commons by Foreign Secretary Philip Hammond

10 November: David Cameron writes a letter to Donald Tusk outlining his proposals for the UK's EU renegotiation

7 December: Donald Tusk writes letter to all EU leaders in response to David Cameron's renegotiation proposals

2016

2 February: Donald Tusk publishes his draft proposal on UK/EU renegotiation

18-19 February: EU leaders' summit in Brussels

20 February: UK/EU renegotiation deal agreed by European leaders in early hours; David Cameron returns to London to hold Cabinet meeting and emerges to announce that a referendum will be held on 23 June 2016

21 February: Boris Johnson comes out in favour of Brexit

11 April: Government sends a leaflet to every UK household urging them to vote Remain. Cost to taxpayer: £9.3m

13 April: Electoral Commission designates Vote Leave and Britain Stronger in Europe as official Leave and Remain campaigns

15 April: Start of official campaign period

21 April: Barack Obama comes to London to warn the British people that they will go to "the back of the queue" for a US trade deal, if they leave the EU

5 May: Local elections in UK, including London Mayoral election

16 June: Jo Cox MP (Labour/Remain) killed. Campaigning suspended for two days.

23 June: EU Referendum

GROSSBRITANNIEN & EUROPA

1. HISTORISCHER HINTERGRUND

EIN EUROPÄISCHES COMMONWEALTH. GROSSBRITANNIEN UND DIE EUROPÄISCHE INTEGRATION IN DER FRÜHEN NACHKRIEGSZEIT.

Gérard Bökenkamp | 4 Mai 2015

Die Wahlen in Großbritannien rücken näher und damit auch die Frage nach den europapolitischen Weichenstellungen der neuen Regierung. Angesichts der Möglichkeit des Austritts Großbritanniens aus der Europäischen Union lohnt sich der historische Blick zurück, um die Rolle des

Vereinigten Königreichs im Prozess der Europäischen Integration besser zu verstehen. In diesem ersten Teil geht es um das enge Verhältnis der Britischen Konservativen zur Europäischen Bewegung in den ersten Nachkriegsjahren.

Nach dem Zweiten Weltkrieg und dem Sieg der Alliierten über die Achsenmächte fand sich Großbritannien und Westeuropa in einer schwierigen Lage. Die sowjetische Armee stand im Herzen des Kontinents, und über die Staaten Osteuropas ging der „Eiserne Vorhang" nieder. Es war längst noch nicht ausgemacht, dass die USA sich dauerhaft in Europa engagieren würden. In dieser Lage schien darum eine engere Kooperation der westeuropäischen Staaten unumgänglich zu sein, um ein Gegengewicht zum sowjetischen Machtbereich aufzubauen. Das hatte kaum ein europäischer Politiker klarer gesehen als Winston Churchill, der in dieser Zeit sowohl den Begriff des „Eisernen Vorhanges" als auch der „Vereinigten Staaten von Europa" prägte. In den ersten Kriegsjahren war Großbritannien der wichtigste Förderer der europäischen Idee in Westeuropa. Die Jahre 1947/48 gelten als Blütezeit der Europabewegung. In Westeuropa schossen Europabewegungen wie „Pilze aus dem Boden" (Brunn).

Winston Churchill als Gallionsfigur der Europäischen Einigung

Die wichtigste politische Identifikationsfigur für die Europabewegung in dieser Zeit war ohne Zweifel Winston Churchill. Die Identifikation der Europaidee mit Winston

Churchill ging so weit, dass das geflügelte Wort aufkam: „Ohne Churchill kein Europa.“ Churchill fungierte mit seinem Wort von den „Vereinigten Staaten von Europa“ nicht nur als Stichwortgeber, sondern griff aktiv in den organisatorischen Aufbau ein. Churchills Schwiegersohn, Duncan Sandys, leitete die Organisation „United Europe Movement.“ In dieser Bewegung waren schon damals die Ideen angelegt, die die britische Vision von Europa später von der deutschen und französischen unterscheiden sollten. Denn die von Churchill angestoßene Bewegung strebte, anders als der Begriff von den „Vereinigten Staaten von Europa“ heute suggerieren mag, keinen europäischen Bundesstand an, sondern eine möglichst enge Kooperation der europäischen Staaten, die aber ihre Souveränität behalten sollten. Passender ist wohl für die von Großbritannien aus forcierte Vorstellung von der europäischen Einigung der Begriff eines „Europäischen Commonwealth.“

Die Konservativen und die Europäische Bewegung

Die Gründungsveranstaltung des UEM (United European Movement) am 14. Mai 1947 in London fand in der Weltpresse ein großes Echo. Der Bewegung ging es darum, Regierungen und Parlamente im Sinne einer stärkeren Kooperation zu beeinflussen. Sie hatte jedoch mit dem Vorurteil zu kämpfen, eine Organisation der Konservativen Partei in Großbritannien zu sein, weshalb die Labour-Regierung und andere sozialistische Parteien Distanz zur

UEM hielten. Es gelang Duncan Sandys jedoch andere Europaorganisationen zur Kooperation zu bewegen und ein gemeinsames Verbindungsbüro einzurichten. Das Büro organisierte eine große Konferenz in Den Haag, an der 719 Delegierte aus Wirtschaft, Politik und Kultur teilnahmen mit Winston Churchill als Ehrenpräsidenten und Hauptredner. Die Konferenz übte nachhaltigen Eindruck auf die europäische Öffentlichkeit aus.

Die Gründung des Europarates

Aus dem Kongress gingen eine gemeinsame Dachorganisation der Europabewegung und konkrete Forderungen an die europäische Regierung hervor. Die wichtigste Forderung war die Schaffung einer „Europäischen Versammlung" aus Vertretern der nationalen Parlamente. Tatsächlich gelang es, die Regierungen zu Verhandlungen über eine engere Kooperation zu bewegen. Diese Verhandlungen führten zu einem konkreten Ergebnis, der Gründung des Europarates am 5. Mai 1949. Die Bundesrepublik Deutschland trat dem Europarat im Mai 1951 bei. Die Gründung des Europarates war der Höhepunkt und zugleich auch Endpunkt des Einflusses der von Churchill und den britischen Konservativen geförderten Europabewegungen: „Nach der Gründung des Europarates neigte sich die große Zeit der Europabewegung dem Ende zu und die Europapolitik ging in die Routine der Berufsdiplomatie über." Etwa zeitgleich übernahmen die

Franzosen die Initiative und gaben damit dem Prozess der europäischen Integration eine neue Richtung.

Literatur

Gerhard Brunn: Die Europäische Einigung, Stuttgart 2009
Andrew Geddes: Britain and the European Union, New York 2013.

***

GROSSBRITANNIEN UND DIE EG: DER LANGE WEG ZUM BEITRITT 1950-1975. Gérard Bökenkamp | 5 Mai 2015

Die Wahlen in Großbritannien rücken näher und damit auch die Frage nach den europapolitischen Weichenstellungen der neuen Regierung. Angesichts der Möglichkeit des Austritts Großbritanniens aus der Europäischen Union lohnt sich der historische Blick zurück, um die Rolle des Vereinigten Königreichs im Prozess der Europäischen Integration besser zu verstehen. In diesem zweiten Teil des historischen Rückblicks geht es um die lange Phase zwischen der Bekanntgabe des Schumann-Plans im Jahr 1950 und dem ersten Referendum in Großbritannien über die EG-Mitgliedschaft im Jahr 1975.

Im Jahr 1950 übernahm die französische Regierung die Initiative in der Europapolitik, nachdem die französische Deutschlandpolitik in eine Sackgasse geraten war. Mit dem Schumann-Plan kam sie in die Offensive und es gelang ihr, ihre eigene europapolitische Konzeption durchzusetzen, die sich von der britischen wesentlich unterschied: „In den ersten Nachkriegsjahren wurde in allen Europamodellen Großbritannien die Führungsposition zugewiesen, und ein Vereinigtes Europa ohne Großbritannien schien undenkbar. Im Jahre 1950 riss Frankreich die Führungsrolle an sich und stellte Großbritannien vor die Wahl, sich zu französischen Bedingungen zu beteiligen oder fern zu bleiben." (Gerhard Brunn) Mit der Montanunion wurde eine supranationale Behörde geschaffen, die nach französischer Vorstellung das Herzstück des europäischen Einigungsprozesses darstellen sollte. Dieser Ansatz war für die britische Regierung unannehmbar.

Die EWG und die EFTA

Als sich Frankreich, Deutschland, Italien und die Benelux-Staaten zur Europäischen Wirtschaftsgemeinschaft zusammen schlossen, fand sich Großbritannien aus der weiteren Entwicklung in Kontinentaleuropa ausgeschlossen und suchte nach alternativen Möglichkeiten der europäischen Kooperation. Im Zentrum der britischen Europakonzeption stand die Schaffung einer Freihandelszone. Als Alternative zur EWG gründete Großbritannien 1960 zusammen mit Dänemark, Norwegen, Österreich, Schweden, Portugal und der Schweiz die Europäische Freihandelszone EFTA. Die EFTA entwickelte jedoch nicht dieselbe Dynamik wie die Wirtschaft der europäischen Kernstaaten. Deshalb bemühte sich

Großbritannien und andere EFTA-Staaten schließlich um die Aufnahme in die Europäische Gemeinschaft.

De Gaulles Veto gegen den Beitritt Großbritanniens

Nachdem in Frankreich 1958 Charles de Gaulle die politische Führung übernommen hatte, hatte sich das Verhältnis zum Vereinigten Königreich verschlechtert. De Gaulle wollte Europa als eine dritte Macht zwischen den USA und dem Ostblock positionieren. Eine Aufnahme Großbritanniens mit seinen starken transatlantischen Bindungen schien dieser Konzeption zu wieder zu laufen, weshalb Frankreich die Aufnahme Großbritanniens mit seinem Veto blockierte. Erst unter seinem Nachfolger Georges Pompidou besserte sich das Verhältnis deutlich. Pompidou und der britische Premierminister Edward Heath pflegten ein engeres politisches und persönliches Verhältnis, so dass Frankreich Anfang der siebziger Jahre seinen Widerstand gegen die EG-Mitgliedschaft Großbritanniens aufgab.

Labour und die EG-Mitgliedschaft

Zu dieser Zeit waren vor allem die britischen Konservativen Befürworter des Beitritts zur EG. Für die Konservativen war der EG-Beitritt Teil der Öffnung Großbritanniens und der Modernisierung der britischen Wirtschaft. Margaret Thatcher gehörte damals zu den leidenschaftlichen Befürwortern des Beitritts.

Anders als die Labour-Party, in der es genau aus demselben Grund Vorbehalte gegen die Mitgliedschaft gab. Open Europe weist auf den interessanten Report des Diplomaten Nicholas Spreckley über die Beitrittsverhandlungefn hin.[1] Trotz der wohlwollenden Haltung von Deutschen, Niederländern und Dänen gelang es der Labour-Regierung, die im März 1974 die konservative Regierung abgelöst hatte, in den Neuverhandlungen mit der EG nicht, über das Verhandlungsergebnis der konservativen Vorgängerregierung hinaus Erfolge zu erzielen. Am Ende musste ein Referendum über die Mitgliedschaft Großbritanniens in der Europäischen Gemeinschaft entscheiden.

Das erste Referendum in der Geschichte von Großbritannien

Da Labour in der Frage des EG-Beitritts gespalten war, überließ Premierminister Harold Wilson es den Briten selbst, die Entscheidung über die Mitgliedschaft in der EG zu treffen. So kam es am 5. Juni 1975 zum ersten nationalen Referendum der britischen Geschichte. Das Lager der Gegner war gespalten. Zu ihm gehörten so unterschiedliche Politiker wie der rechtskonservative Enoch Powell und Tony Benn vom linken Flügel der Labour-Party. Mit einer Zustimmung von 67 Prozent lag das Lager der Befürworter der EG-Mitgliedschaft am Ende klar vorne. Dass sich in den

---

[1]http://openeuropeblog.blogspot.de/2014/07/renegotiation-and-referendum-history.html

folgenden Jahrzehnten in Großbritannien eine kritischere Sicht auf die Europäische Union weitgehend durchgesetzt hat, hat viel mit der Entwicklung von EG und EU seit den achtziger Jahren zu tun, mit der wir uns im nächsten Teil dieses historischen Rückblicks beschäftigen wollen.

Literatur

Gerhard Brunn: Die Europäische Einigung, Stuttgart 2009

Andrew Geddes: Britain and the European Union, New York 2013.

***

GROSSBRITANNIEN UND DIE EU: ZWISCHEN BINNENMARKT UND MAASTRICHT. Gérard Bökenkamp | 6 Mai 2015

In diesem dritten und letzten Teil des historischen Rückblicks auf das Verhältnis Großbritanniens zur europäischen Integration geht es um die wichtige Rolle, die Großbritannien für die Vollendung des europäischen Binnenmarktes gespielt hat und die Konkurrenz zweier Europakonzeptionen, die mit dem Maastricht-Vertrag offen zu Tage getreten ist.

Als Margaret Thatcher 1979 Premierministerin wurde, galten die Konservativen als europafreundlichere Partei im Vergleich zu Labour. Auf dem Parteitag der Konservativen 1981 stellte Thatcher die besondere Bedeutung der EG und des gemeinsamen Marktes für Wirtschaft und Beschäftigung in Großbritannien ausdrücklich heraus. Was aber das Verhältnis zur EG belastete, war der Umstand, dass das Vereinigte Königreich mit dem Beitritt nach Deutschland zum zweitgrößten Nettozahler geworden war. Durch die Entwicklung lag es im Bereich des Möglichen, dass Großbritannien trotz eigener, schwerwiegender wirtschaftlicher Probleme zum größten Nettozahler werden könnte, da es anders als Frankreich und Deutschland kaum von den hohen Agrarsubventionen profitierte. Vielen Briten schienen den hohen Zahlungen keine adäquaten Gegenleistungen gegenüber zu stehen. Das Problem beschäftigte die EG bis 1984, als Margaret Thatcher eine Reduktion der britischen Zahlungen erreichte, was bis heute als „Britenrabatt" bezeichnet wird.

Die Schaffung des Europäischen Binnenmarktes

Die Lösung dieses Problems gab Großbritannien die Gelegenheit in den folgenden Jahren eine sehr viel konstruktivere Rolle zu spielen. In der Tat kam dem Vereinigten Königreich eine Schlüsselrolle bei der Schaffung des Herzstückes der Europäischen Integration, dem europäischen Binnenmarkt, zu. Für Margaret Thatcher war das das zentrale europapolitische Anliegen. Sie stand damit in einer Tradition der britischen Europapolitik, für die europäische Integrationspolitik immer schon Freihandelspolitik gewesen war. Diese britische Tradition findet sich bereits in Churchills Vision von den „Vereinigten Staaten von Europa" als Kooperation souveräner Staaten angelegt und führte über die Gründung der EFTA zur

Vollendung des europäischen Binnenmarktes im Rahmen der EU. Jacques Delors, der 1985 Kommissionspräsident geworden war, hatte nach einem Weg gesucht der EG wieder ein gemeinsames Ziel zu geben. Dieses gemeinsame Ziel wurde der europäische Binnenmarkt. An dieser Stelle trafen sich die Interessen der britischen Regierung mit denen des französischen Kommissionspräsidenten. Diese Kooperation war von Erfolg gekrönt, zum 31 Dezember 1992 wurden die meisten Handelshindernissen beseitigt.

Vom Binnenmarkt zum Bundesstaat?

Was Thatcher von Delors aber trennte, war der Umstand, dass für sie der Binnenmarkt das Ziel der Europäischen Integration war. Dagegen war dieser für Delors und andere Europapolitiker auf dem Kontinent nur ein Mittel zum Zweck der Schaffung eines europäischen Bundesstaates. Der Schaffung des Binnenmarktes sollten Schritte zur Zentralisierung und Regulierung des Marktes folgen. In der Wende von den achtziger zu den neunziger Jahren trennten sich also die Pfade. Thatchers Hoffnung, dass mit der Schaffung eines europäischen Binnenmarktes auch die Einführung eines liberalen Wirtschaftsmodells in der Gemeinschaft verbunden sein würde, erfüllten sich nicht. Sie und andere britische Politiker sahen in der Entwicklung eine Bedrohung für die Rechte der nationalen Parlamente, für die Marktwirtschaft und auch für den internationalen Freihandel durch einen schleichenden Protektionismus.

Der Maastricht-Vertrag und die enttäuschten Erwartungen

Zum Kristallisationspunkt dieses Konflikts wurde die Entscheidung für die Europäische Währungsunion und die Verabschiedung der Sozialcharta. Beides zielte darauf ab, nationale Souveränität zu überwinden und den Weg zum europäischen Bundestaat zu ebnen. Den Briten blieb aufgrund der engen deutsch-französischen Kooperation in dieser Frage wie schon in den fünfziger Jahren nicht mehr als die Opt-out-Option. Die hochfliegenden Hoffnungen, die mit dem Vertrag von Maastricht verbunden waren, haben sich jedoch so nicht erfüllt. Galten die Briten lange als Spielverderber auf dem Weg zum europäischen Bundesstaat, so lässt die andauernde Eurokrise, das Scheitern der europäischen Wachstumsstrategie, die divergierenden Interessen innerhalb der erweiterten Staatengemeinschaft, das Scheitern einer gemeinsamen Wirtschafts- und Außenpolitik, die wachsende Intransparenz der EU-Institutionen und der schwindende Rückhalt der EU beim Bürger, die in dem wachsenden Anteil euroskeptischer Parteien im Europaparlament zum Ausdruck kommt, die britische Kritik an dieser Entwicklung in einem neuen Licht erscheinen.

Eine alternative Vision

Es ist nicht ausgeschlossen, dass am Ende die Vision von Europa als einer Gemeinschaft eng miteinander kooperierender Nationalstaaten, die durch einen gemeinsamen Markt eng miteinander verbunden sind, die in Churchills „Vereinigten Staaten von Europa" und der EFTA angedacht war, sich langfristig als das realistischere und gangbarere Modell erweisen wird.

Literatur

Gerhard Brunn: Die Europäische Einigung, Stuttgart 2009

Andrew Geddes: Britain and the European Union, New York 2013.

http://blog.openeuropeberlin.de/2013/04/erganzungen-zu-margaret-thatcher-und.html

http://blog.openeuropeberlin.de/2013/04/margaret-thatcher-der-euro-die-eu-und.html

***

DIE BRITISCHE VISION VON EUROPA. Gérard Bökenkamp | 27 März 2016

Die Briten gelten als Euroskeptiker und das angesetzte Referendum über die Mitgliedschaft in der EU scheint dieser Sichtweise Recht zu geben. Dabei wird übersehen, dass Großbritannien über Jahrzehnte hinweg keine Politik verfolgte, die die europäische Integration ablehnte, sondern ein alternatives Konzept verfolgte. Dieses von allen Premierministern, ob konservativ oder sozialdemokratisch, verfolgte Konzept erscheint heute mehr denn je realistischer als das klassische deutsch-französische Modell eines europäischen Bundesstaates mit starker Zentralgewalt. Anhand der folgenden zentralen Reden und Grundsatzerklärungen von fünf britischen Premierministern lässt sich zeigen, worin dieses britische Konzept von Europa besteht und wie groß die politische Kontinuität ist, mit denen es in den letzten Jahrzehnten verfolgt wurde.

James Callaghans europapolitischen Ziele von 1977

Nach dem ersten Referendum über die Mitgliedschaft Großbritanniens in der Europäischen Gemeinschaft im Jahr 1975 formulierte der damalige Premierminister der Labour-Partei James Callaghan grundsätzliche Ziele für die britische Europapolitik. Dazu gehörte der Erhalt der Souveränität der nationalen Regierungen und nationalen Parlamente. Eine stärkere demokratische Kontrolle der Tätigkeit der Europäischen Gemeinschaft. Wirtschafts-, industrie- und regionalpolitische Ziele sollten vor allem auf nationaler Ebene erreicht werden. Die gemeinsame Agrarpolitik sollte reformiert werden, was nur bedeuten konnte, dass die Kosten für die Agrarpolitik zurückgeführt werden sollten. Darüber hinaus sollte im Einklang mit den nationalen Interessen eine europäische Energiepolitik formuliert werden. Großbritannien setzte sich außerdem für die Erweiterung der Europäischen Gemeinschaft und die Aufnahme weiterer Mitgliedstaaten ein. (Melcher, S. 101)

Thatchers Brügge-Rede von 1988

Am 20. September 1988 legte Margaret Thatcher die Grundprinzipien ihrer Europapolitik in einer Rede im belgischen Brügge dar.[2] Der beste Weg eine erfolgreiche europäische Gemeinschaft zu schaffen sei die aktive Kooperation unabhängiger souveräner Staaten. Der Versuch den Nationalstaat abzuschaffen und die Macht in Europa zu zentralisieren, würde die gemeinsamen Ziele gefährden. Statt Zukunftsvisionen forderte sie praktische Lösungen für die Probleme der Gegenwart. Die Politik der Gemeinschaft müsse marktwirtschaftlich ausgestaltet sein und freies Unternehmertum fördern. Das sei auch die Rechtfertigung für den europäischen Binnenmarkt, um die Lage des Verbrauchers zu verbessern und den Einfluss des Staates zu reduzieren. Europa dürfe nicht protektionistisch werden. Größere Bewegungsfreiheit im inneren dürfe nicht zu größerer wirtschaftlicher Abschottung nach außen führen. In der Sicherheitspolitik sah sie nach wie vor die NATO als die wichtigste Säule der Verteidigung an, die durch eine europäische Vereidigungspolitik ergänzt und unterstützt, aber keinesfalls ersetzt werden könnte.

John Majors europapolitische Grundsätze von 1993

In Anlehnung an die Rede Margaret Thatchers entwickelte John Major seine Grundsätze für die Europapolitik in einem Beitrag für den Economist am Ende des Jahres 1993. Die zentrale Aussage des Beitrags war, dass auch weiterhin die Nationalstaaten im Zentrum des Integrationsprozesses stünden. Es sei an den Nationen Europa zu bauen und nicht

---

[2] http://www.margaretthatcher.org/document/107332

an Europa zu versuchen die Nationalstaaten zu ersetzen. Da die Europäische Union eine Gemeinschaft von Nationalstaaten sei, erhielt sie ihre demokratische Legitimation durch die Zustimmung der nationalen Parlamente. Die demokratisch gewählten nationalen Parlamente übertrügen ihre Legitimität auf den Europäischen Rat. Er forderte außerdem einen „realistischen" Ansatz und mehr „Flexibilität". Ein Europa verschiedener Geschwindigkeiten dürfe nicht so verstanden werden, dass die Staaten, die bestimmte Integrationsschritte unternehmen, gegenüber den anderen privilegiert werden sollten. (Melcher, S. 132)

Tony Blairs Warschauer Rede von 2003

In seiner Warschauer Rede vom 30. Mai 2003 sprach sich Tony Blair für einen europäischen Staatenbund, „ a union of nations", und gegen einen europäischen „Super-Staat" aus.[3] Die Verteidigungspolitik und die Entscheidung über Krieg und Frieden werde weiter in der Zuständigkeit der nationalen Regierungen bleiben, ebenso die Steuerpolitik. Die Wirtschaftspolitik werde in Absprache zwischen den nationalen Regierungen koordiniert. Blair betonte, dass in der EU alle Staaten, ob klein oder groß oder alt und neu, gleich behandelt würden. Das war als eine Stellungnahme gegen ein Kerneuropa und ein Europa zweier Geschwindigkeiten zu verstehen und dafür, die neuen

---

3 http://www.theguardian.com/world/2003/may/30/eu.speeches

Staaten von Anfang an als gleichberechtigte Partner in alle Entscheidungsprozesse einzubeziehen. Blair sprach sich außerdem für eine Verbesserung der Wettbewerbsfähigkeit, für die Liberalisierung des Energie- und Telekommunikationssektors und den Ausbau des Binnenmarktes aus. Die europäische Sicherheitspolitik sollte in die NATO und das transatlantische Bündnis eingebettet sein.

David Camerons Grundsatzrede von 2013

Am 23. Januar 2013 stellte David Cameron fünf Prinzipien seiner Europapolitik vor. Cameron forderte die Verbesserung der Wettbewerbsfähigkeit durch die Vollendung des Binnenmarktes in den Bereichen Dienstleistung, Energie und digitaler Raum. Das zweite Prinzip war das der „Flexibilität". Das bedeutet, dass es jedem EU-Staat freistehen sollte, an weiteren Integrationsschritten teilzunehmen oder nicht, ohne deshalb Benachteiligungen zu erfahren. Als drittes Prinzip stellte Cameron die Forderung auf, wieder mehr Kompetenzen auf die nationale Ebene zu verlagern. Das war verbunden mit der Forderung die Souveränität der nationalen Parlamente zu stärken. Dabei sollte aber die Integrität des Binnenmarktes unbedingt erhalten werden. (Melcher, S. 349 f.)

Die Britische Idee von Europa

Ohne große Schwierigkeiten lässt sich aus diesen Reden und Grundsatzerklärungen von konservativen und Labour-

Premierministern von den ersten Jahren nach dem Beitritt bis zur Gegenwart eine gemeinsame Linie erkennen. Diese lässt die Gemeinsamkeiten zwischen den beiden Regierungsparteien größer erscheinen als die Unterschiede. Die Quintessenz dieser Prinzipien und Vorschläge lässt sich als die britische Idee von Europa beschreiben. Diese zielt auf einen Staatenbund, in dem die Nationalstaaten als wichtigste politische Einheit erhalten bleiben, aber eng miteinander kooperieren. Die nationalen Parlamente bleiben die Basis der demokratischen Legitimation und Kontrolle. Im Zentrum steht der Binnenmarkt, der nicht nur unbedingt erhalten, sondern in vielen Bereichen wie Dienstleistung, Energie und Digitales noch weiter ausgebaut werden soll.

Die innere und die äußere Form

Die britische Europakonzeption gab der Erweiterung grundsätzlich den Vorzug vor der Vertiefung. Grundsätzlich galt das Prinzip größer und lockerer statt kleiner und enger.[4] Die größere Union sollte sich auch nicht um ein Kerneuropa gliedern, sondern alle Staaten sollten gleichberechtigt bleiben. Das schließt aber keineswegs aus, dass einige Staaten in bestimmten Bereichen enger kooperieren als andere. Die britische Idee von Europa lehnt einen europäischen Protektionismus ab und bevorzugt den

---

[4] http://www.openeuropeberlin.de/ourcauses/strategies-of-flexible-integration-and-enlargement-of-the-european-union-a-club-theoretical-and-constitutional-economics-perspective/

Freihandel. Die Europäische Union erscheint daher nicht als klar abgegrenzter Raum, sondern als ein System sich überschneidender Kreise. Dem entspricht auch die britische Vorstellung einer europäischen Außen- und Verteidigungspolitik. Innerhalb der EU bleiben die Nationalstaaten souverän und entscheiden selbstständig über den Einsatz ihrer Streitkräfte. Gleichzeitig soll die Kooperation jedoch zwischen den europäischen Staaten in sicherheitspolitischen Fragen intensiviert werden. Das allerdings nicht als Gegengewicht, sondern als Ergänzung und Stärkung der NATO und im Rahmen des transatlantischen Bündnisses.

Kooperative Souveränität

Diese Herangehensweise könnte vielleicht am besten als das Konzept kooperativer Souveränität bezeichnet werden. Das im Gegensatz zur konfrontativen Souveränität, die für das Staatensystem Europa im 19. Jahrhundert und in der ersten Hälfte des 20. Jahrhunderts kennzeichnend war. Es geht nach wie vor um die Suche nach einem angemessenen politischen Rahmen für den europäischen Kontinent. Die Konfrontation zwischen den Nationalstaaten hat im 20. Jahrhundert in die Katastrophe geführt. Der europäische Bundesstaat hingegen erscheint als ein zu enges und der Vielgestaltigkeit Europas unangemessenes Korsett, in das sich die europäischen Staaten nicht hineinzwängen lassen und auch nicht hineingezwängt werden sollten. Die britische Konzeption eines nach innen und außen flexiblen

Staatenbundes erscheint demgegenüber realistischer und angemessener als die Idee vom europäischen Bundesstaat.

Literatur

Michael Melcher: Awkwardness and Reliability. Die britische Europapolitik von 1997 bis 2013, Marburg 2014.

***

2. WIE WAHRSCHEINLICH IST DER BREXIT?

JOHN MAJOR UND DIE PFUNDKRISE 1992. WAS WIR DARAUS ÜBER DIE WAHRSCHEINLICHKEIT EINES BREXIT LERNEN KÖNNEN. Gérard Bökenkamp | 4 März 2016

Am 23. Juni wird in Großbritannien über den Verbleib in der europäischen Union in einem Referendum abgestimmt. Was die Unsicherheit über den Ausgang des Referendums verstärkt ist der Umstand, dass unerwartete Ereignisse auch dann einen Stimmungsumschwung herbeiführen können, wenn sie in keinem direkten Zusammenhang zu dem Problem stehen, über das abgestimmt wird. Ein Beispiel dafür sind die Schwierigkeiten, die Premierminister John Major 1992 damit hatte, den Maastricht-Vertrag ratifizieren zu lassen. Premierminister John Major hatte in den harten Verhandlungen zentrale britische Forderungen durchgesetzt. Dazu gehörte, dass Großbritannien weder der Eurozone beitreten, noch die Sozialcharta annehmen musste. Doch ein Ereignis, das nicht direkt damit im

Zusammenhang stand, zerstörte den Rückhalt für die Verabschiedung in seiner eigenen Partei und der Öffentlichkeit.

John Major und der Maastricht-Vertrag: Vom Triumph zum Desaster

Als John Major von dem Gipfel, der am 7. Februar in Maastricht stattgefunden hatte, zurückkehrte, wurde er auf der Insel wie ein Held gefeiert: Die Presse berichtete, dass Major alles erreicht habe, was er gefordert habe. Die Abgeordneten begrüßten Major mit Jubel. Der Economist schrieb, Major habe das Ergebnis erreicht, „für das die Minister und die meisten Abgeordneten gebetet hatten." Major erinnerte sich in seiner Autobiographie: „Es war das moderne Äquivalent eines Römischen Triumphes." Dieser Erfolg schuf die Basis für einen überraschenden Wahlsieg im April 1992. Der Triumph verwandelte sich aber in eine politische Niederlage durch ein Ereignis, das das Bild seiner Europapolitik dauerhaft verdüsterte. Der 16. September 1992 ging als „Schwarzer Mittwoch" in die Geschichte ein. An diesem Tag war Großbritannien gezwungen, den Europäischen Wechselkursmechanismus zu verlassen. Für die Regierung Major war das ein politisches Desaster, und es wurde zu einem Katalysator des Euroskeptizismus im Vereinigten Königreich.

Die Pfundkrise: Der „Schwarze Mittwoch" im September 1992

Großbritannien war dem Europäischen Wechselkursmechanismus im Jahr 1990 beigetreten, um ein Signal zu setzen, dass die Regierung sich zu einer stabilen Geldpolitik bekannte. Dieser Wechselkursmechanismus verpflichtete die Mitgliedstaaten, die Schwankung ihrer Währung in einer bestimmten Bandbreite zu halten. Doch das System kam bald unter Druck: Um die Inflation, die als Folge der Währungsunion und der „Wiedervereinigungskrise der D-Mark" auftrat, zu bekämpfen, hob die Bundesbank ihre Zinsen auf historische Rekordhöhen an. Dies zwang die anderen Teilnehmer am Wechselkursmechanismus nachzuziehen und ebenfalls ihre Zinsen zu erhöhen, um innerhalb der vorgeschriebenen Bandbreite des Wechselkurssystems zu bleiben. Die hohen Zinsen belasteten die Wirtschaft und durch den gleichzeitig fallenden Dollarkurs wurde der Export verteuert.

Premierminister Major hielt den Verbleib im Wechselkurs für eine Frage der Glaubwürdigkeit. Er wollte auch eine Abwertung des Pfunds gegenüber der D-Mark unbedingt vermeiden. Deshalb band er seine politische Reputation öffentlich an den Verbleib im Wechselkursmechanismus. Da die Bundesbank aber von ihrem Kurs nicht abwich, wiederkehrende Interventionsversuche Majors bei Helmut Kohl erfolglos blieben und die Märkte gegen das Pfund wetteten, konnte die Regierung diesen Kurs nicht durchhalten und war am 16. September 1993 gezwungen, aus dem Wechselkursmechanismus auszutreten. Dieser Tag ging als „Schwarzer Mittwoch" für die Regierung in die Geschichte ein.

Explosion der Euroskepsis und der Kritik am Maastricht-Vertrag

Der erzwungene Austritt kam einem politischen Erdbeben gleich. Die Regierung erholte sich von dem Vertrauensverlust nicht mehr. Viele frühere Befürworter des Wechselkursmechanismus wie die früheren Premierministerin Margaret Thatcher distanzierten sich nun von dem Projekt. Sie wurden zugleich erbitterte Gegner der Ratifizierung des Maastricht-Vertrags. Obwohl die Krise in keiner Beziehung zum Maastricht-Vertrag stand, geriet dieser nun zunehmend in die Kritik.Major schreibt in seinen Memoiren: „Es ist eine Ironie, dass viele von denen, die den Maastricht-Vertrag mit fast religiöser Inbrunst bekämpften, den Eintritt in die Gemeinschaft begrüßt hatten." Eine starke Minderheit sah in dem Desaster um den Wechselkursmechanismus ein Scheitern der gesamten Europäischen Gemeinschaft und forderte schon damals den Austritt.

Polarisierung und der Weg zur Niederlage

Der zuerst von der Öffentlichkeit und Majors eigener Partei gepriesene Maastricht-Vertrag wurde nach einem Jahr internem Krieg in der Konservativen Partei verabschiedet.

Major hatte mit der Auflösung des Parlaments und Neuwahlen drohen müssen, um die Ratifizierung zu erreichen. Der Imageschaden für den Premierminister und die Spaltung der Partei erwies sich danach als nicht mehr heilbar.

Es erwies sich als Fehler, dass Major die positive Stimmung vor den Wahlen nicht genutzt hatte, um den Vertrag ratifizieren zu lassen. Zu diesem Zeitpunkt wäre dies ohne große Widerstände möglich gewesen. Viele der Gegner des Maastricht-Vertrages hatten diesen zu diesem Zeitpunkt noch begrüßt. Nach den Wahlen wurde die Abstimmung weiter verschoben, da die Regierung erst das Ergebnis des dänischen und französischen Referendums abwarten wollte. Nachdem Großbritannien gezwungen war, den Europäischen Wechselkursmechanismus zu verlassen, dominierte der Streit über Maastricht die politische Agenda. Dieser Streit brachte die Regierung bis an den Rand des Scheiterns und trug wesentlich zu der Niederlage der Konservativen im Jahr 1997 bei. Dass David Cameron nach seinem Wahlerfolg 2015 das Referendum über die Zukunft Großbritanniens ansetzte, hatte viel damit zu tun, dass er verhindern wollte, wie sein Vorgänger John Major im parteiinternen Streit über die EU zerrieben zu werden.

Fazit

Obwohl Großbritannien in den Verhandlungen über den Maastricht-Vertrag alle seine Verhandlungsziele erreicht hatte, wendeten sich frühere Befürworter gegen die

Ratifizierung des Vertrages, weil der „Schwarze Mittwoch" das Image der europäischen Gemeinschaft geschädigt hatte. Obwohl die Pfundkrise und die Einigung auf den Maastricht-Vertrag in keinem direkten Zusammenhang standen, beeinflusste das erste Ereignis die Sichtweise auf das zweite nachhaltig. Für unsere aktuelle Situation können wir daraus lernen, dass unerwartete Ereignisse wie zum Beispiel eine Eskalation der Flüchtlingskrise oder ein ungeschicktes politisches Agieren der EU auch dann das Referendum im Juni beeinflussen kann, wenn diese in keinem direkten Zusammenhang zur Mitgliedshaft Großbritanniens in der EU stehen. Auch wenn unter normalen Umständen eine Mehrheit für den Verbleib Großbritanniens in der EU zu erwarten wäre, da die Briten zwar Euroskeptiker zugleich aber auch Pragmatiker sind, kann eine unerwartete krisenhafte Zuspitzung kurz vor dem Referendum den Austritt Großbritanniens zur Folge haben.

Literatur: John Major: The Autobiography, London 2000.

***

DIE BRITEN VOR DEM REFERENDUM: SKEPTISCHE PRAGMATIKER. Michael Wohlgemuth | 3 März 2016

Skeptizismus und Pragmatismus

Man muss weder auf David Hume, Adam Smith oder Thomas Reid zurückgehen noch auf Monty Python, Evelyn Waugh oder Tony Blair verweisen, um in den Briten

(Schotten wie Engländern) noch heute einen meist gesunden Skeptizismus, Individualismus und Pragmatismus wiederzuerkennen. Gesünder jedenfalls als der Dogmatismus, Kollektivismus und Idealismus, der auf dem Kontinent sehr viele stärkere Wurzeln hat (hierzu auch[5]).

Dieser skeptische Pragmatismus herrscht auch im „common sense" der Briten, wenn es um „Europa" geht. Dominik Geppert hat das im historischen Rückblick auf die britische Europapolitik treffend dargestellt.[6]

Die im Folgenden vorgestellten aktuellen Meinungsbilder aus Großbritannien zeigen, dass dort Politik und öffentliche Meinung weitgehend übereinstimmen – was „auf dem Kontinent" europapolitisch nicht so oft vorkommt. Auch nicht in Deutschland, wo lange Zeit eine „Sakralisierung des europäischen Projekts" betrieben wurde, die heute freilich immer weniger verfängt.[7]

Der Reflex der Dogmatiker, Kollektivisten und Idealisten treibt derzeit in Deutschland und erst recht in Frankreich, Ungarn und Polen, einer mindestens ebenso schädlichen

---

[5] http://www.openeuropeberlin.de/was-ist-ein-euro-skeptiker-von-michael-wohlgemuth/

[6] http://www.faz.net/aktuell/wirtschaft/brexit-eu-austritt-mit-blick-in-die-geschichte-14043738.html

[7] http://www.openeuropeberlin.de/ourcauses/nachdenken-ueber-europa/

Gegenbewegung die Massen zu: der Dämonisierung des europäischen Projekts.

Auch in der Krise dürfte sich der britische Pragmatiker vom deutschen Hysteriker unterscheiden: der subtile Skeptiker kann sich damit abfinden, im Zweifel das kleinere Übel zu wählen; der dumpfe Dogmatiker kann nur noch Verschwörungen sehen („EUdSSR") und sucht sein Heil in einem Nirwana, das ihm (gerade als Deutschen) konkret zu definieren freilich zu anstrengend sein muss.

Aber zurück zu den Briten:

Vor kurzem veröffentlichte das unabhängige britische Institut für Sozialforschung NatCen eine interessante Untersuchung über Grundeinstellungen der Briten gegenüber der EU.[8] Ich halte diese Untersuchung für ergiebiger als die täglich auflaufenden Meinungsumfragen zum EU-Referendum am 23. Juni, deren Ergebnisse keine stabilen Mehrheiten für „leave" oder für „remain" anzeigen, sondern bestenfalls schwankende Stimmungen (eine Übersicht hier[9]).

Die Untersuchung von NatCen umfasst eine größere Stichprobe (3 000) und einen längeren Zeitraum (Juli-

---

[8] http://www.natcen.ac.uk/news-media/press-releases/2016/february/brits-are-deeply-eurosceptic,-but-may-still-vote-to-remain-in-the-eu/
[9]https://en.wikipedia.org/wiki/Opinion_polling_for_the_United_Kingdom_European_Union_membership_referendum

November 2015) und fragt nach den grundsätzlichen Motiven, welche die Briten am Ende für oder gegen „Brexit" einnehmen dürften.

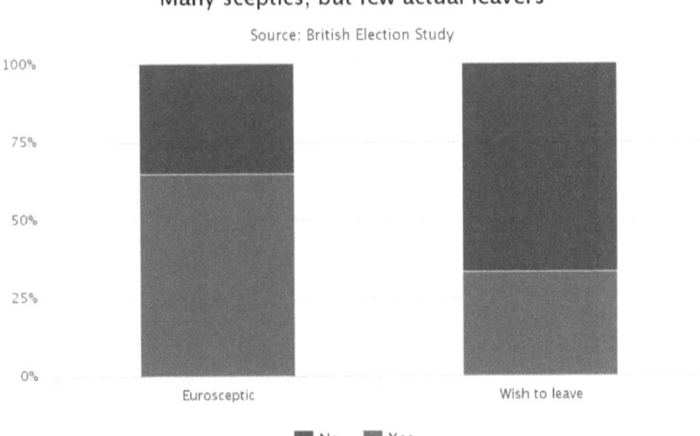

Pragmatische Skeptiker für bedingten Verbleib

Der Grundtenor auf der Insel ist „Euroskeptizismus". Etwa zwei Drittel der Briten hat kein Problem damit, sich „Euroskeptiker" zu nennen. Aber nur weniger als ein Drittel derselben Befragten wünscht sich den Austritt aus der EU. Die Zahlen für einen „Brexit" waren in den frühen 1980er Jahren schon einmal höher; in den frühen 1990ern schon einmal deutlich geringer:

Table 1 Attitudes towards Britain's membership of the EU, 1983-2015

	1983	**1984**	**1985**	**1986**	**1987**	**1989**	**1990**	**1991**	**1992**	**1997**	**2014**	**2015**
	%	%	%	%	%	%	%	%	%	%	%	%
Continue	53	48	56	61	63	68	76	77	72	54	57	60
Withdraw	42	45	38	33	32	26	19	17	22	28	35	30
Unweighted sample size	*1761*	*1675*	*1804*	*3100*	*2847*	*3029*	*2797*	*1445*	*2855*	*1355*	*971*	*1105*

Source: 1992: British Election Study

Diese Grundhaltungen wiederum ergeben sich aus Abwägungen, die sich erst bei verfeinerter Fragetechnik erschließen. So gab es zwar im langfristigen Trend immer eine recht robuste relative Mehrheit für einen Verbleib in der EU, aber nie für den „status quo" (gelbe Linie) und schon gar nicht für „mehr Europa" (die blauen Linien). Das Mantra von David Cameron („stay in a reformed EU") ist nicht etwas, das als Elitenprojekt einer widerwilligen Bevölkerung (eher freilich einer widerwilligen Fraktion in der eigenen Partei) hätte erst beigebracht werden müssen; es entsprach schlicht dem „common sense" der Briten und schlägt alle anderen Grundhaltungen deutlich:

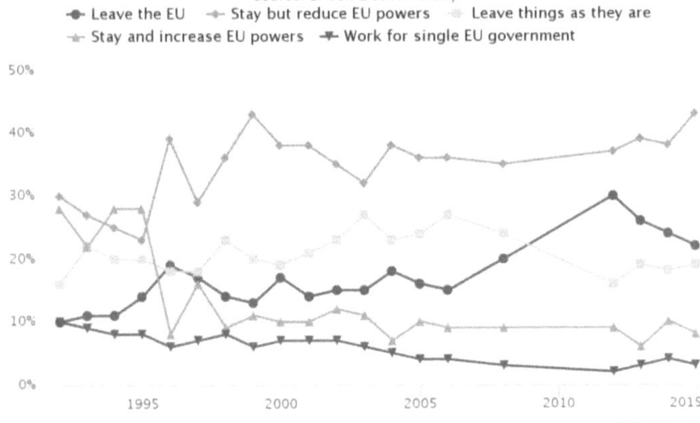

Übrigens sind die Zahlen für Schottland gar nicht so deutlich Andere. Auch hier können inzwischen etwa 60% der Befragten als hart oder mild „euroskeptisch" klassifiziert werden, wobei aber exakt wie im ganzen Vereinigten Königreich 43% für den bedingten Verbleib („stay in EU but reduce powers“) sind. Nur die unbedingten Befürworter des Austritts sind etwas weniger und die Anhänger von „mehr Europa“ etwas mehr – mit jeweils 17%.

Pragmatismus statt Idealismus

Hier zeigt sich der skeptische Pragmatiker: er fragt sich nicht: ist die EU ein Ideal an sich oder doch wenigstens der Weg hin zu einem alternativlosen Ideal der „ever closer Union“ oder der „Vereinigten Staaten von Europa“? Er hält auch nicht (mehr) „splendid isolation“, den Rückzug von internationalen Kooperationsbündnissen für ideal. Er fragt sich schlicht: ist unsere Mitgliedschaft eher vorteilhaft oder nachteilhaft? Was bringt es? Und dies zunächst einmal wirtschaftlich. Und da ist der Grundtenor der Briten – darunter auch etwa 40 Prozent der generell „euroskeptischen“: ökonomisch gesehen ist unsere Mitgliedschaft eben doch insgesamt eher vorteilhaft.

Auch hier besteht ein langfristig robustes Meinungsbild: die Zahl derer, die meinen, Großbritannien sei durch die Verbindungen mit der EU wirtschaftlich stärker, übersteigt stets deutlich die derjenigen, die meinen, die EU-Mitgliedschaft schade der britischen Wirtschaft.

Bemerkenswert ist aber auch, dass in letzter Zeit die relativ meisten meinen, es mache keinen wirklichen Unterschied. Diese leidenschaftslosen „Indifferenten“ könnten auch für den Austritt stimmen, wenn sie bei dem zweiten, zentralen Motiv stärkere Bedenken haben: der Bewahrung britischer Souveränität und Identität.

Table 5 Perceptions of the economic consequences of closer links with the European Union, 1990-2015

	1990	1991	1993	1994	1995	1997	2014	2015
	%	%	%	%	%	%	%	%
Stronger economically	43	43	33	40	32	33	35	35
Make no difference	37	31	32	29	39	32	42	40
Weaker economically	8	13	22	20	20	20	17	18
Don't know	12	13	13	10	9	15	6	8
Unweighted sample size	*1397*	*1445*	*1461*	*1165*	*1227*	*1355*	*971*	*1105*

Keine „europäische Identität"

Bekanntlich haben die Briten kein wirkliches Identitätsproblem als Nation. Auch wenn die großen Zeiten des Empire vorüber sind, blieb den Briten das Gefühl der Weltläufigkeit, wie man sie in Londons City oder Oxbridge Hill findet, bei gleichzeitig eigenartiger Schrulligkeit der Inspector Barnaby Welt auf dem Lande.

Wie Dame Helen Wallace letztes Jahr in Berlin meinte, gehört zur Identität Großbritanniens sowohl „Open Britain" als auch „Parochial Britain"; auch hat sich das Land sowohl als „Architect of Mainstream European Projects" als auch als „Exceptionalist European" gezeigt. Den aufschlussreichen Vortrag finden Sie hier.[10]

Die Sonderbeziehung der Briten zu Europa lässt sich auch historisch erklären. Dominik Geppert betont, dass „dem Land das Erlebnis der Niederlage ebenso fehlte wie die Erschütterung der politischen Institutionen und der Vertrauensverlust in die nationale politische Führung, wie ihn die meisten kontinentaleuropäischen Völker erlitten hatten" und: „Aus britischer Sicht ist es nicht selbstverständlich, dass ein übernationales Pooling von Souveränität ein Ersatz für verlorengegangene nationale Souveränität ist – oder gar eine Verbesserung gegenüber

---

[10] http://www.britac.ac.uk/journal/3/wallace.cfm

einem solchen Zustand".[11] Entsprechend dominiert auch bei den Bürgern die britische „Identität" deutlich vor einer europäischen:

Table 6 Trends in 'free choice' European identity, 1996-2015

	1996	1997	1998	1999	2000	2001	2002	2003	2004	2005
	%	%	%	%	%	%	%	%	%	%
European	10	9	12	17	11	12	12	12	11	12
Unweighted sample size	*1180*	*1355*	*3146*	*3143*	*3246*	*3287*	*3435*	*4432*	*3199*	*4268*
	2006	**2007**	**2008**	**2009**	**2010**	**2011**	**2012**	**2013**	**2014**	**2015**
	%	%	%	%	%	%	%	%	%	%
European	16	12	14	12	11	12	14	13	15	16
Unweighted sample size	*4290*	*4124*	*4486*	*3421*	*3297*	*3311*	*3248*	*3244*	*971*	*4316*

Wie die NatCen Studie auch ausweist, meinen 2015 47% der Briten, dass die EU-Mitgliedschaft die besondere Britische Identität unterminiere (30% meinen das nicht). Neben fremder Regulierung aus Brüssel ist es die ungehinderte Zuwanderung aus anderen EU-Ländern und hier besonders in die britischen Wohlfahrtssysteme, die den Briten mehrheitlich nicht passt,

[11] http://www.faz.net/aktuell/wirtschaft/brexit-eu-austritt-mit-blick-in-die-geschichte-14043738.html

wie die folgende Tabelle zeigt:

Table 4 Attitudes towards possible changes to how the EU works

	% Agree	% Neither	% Disagree
Reduce the ability of migrants from other EU countries to claim welfare benefits in Britain	68	8	17
Reduce how much the EU regulates companies and businesses	60	18	14
Stop people from other EU countries getting NHS treatment for free	59	12	23
End the ability of the EU to decide the maximum number of hours people in Britain can be expected to work	53	22	17
End the automatic right of people from other EU countries to come to Britain to live and work	51	17	27
Unweighted sample size = 954			

Ausblick

Das hier präsentierte vielschichtige Meinungsbild wurde erhoben, ehe David Cameron am 19. Februar den „Sonderstatus" Großbritanniens in Brüssel besiegelte. Erkennbar war sein Bemühen, den Briten einige der oben genannten Ängste zu nehmen, die den vorherrschenden „kulturellen" Euroskeptizimus aktuell wohl am meisten nähren dürften. Gleichzeitig kann er auf den ebenso vorherrschenden ökonomischen Pragmatismus der Briten setzen, der erklärt, weshalb auch nur 40% derer, die der Meinung sind, dass die EU die britische „Identität" bedroht, aber gleichzeitig auch meinen, ein Austritt hätte negative wirtschaftliche Auswirkungen, tatsächlich für den Austritt sind (s. NatCen, S. 16).

Das ökonomische Motiv könnte demnach das „kulturelle" dominieren. Doch sollte man sich darauf nicht verlassen. Die aktuelle Flüchtlingskrise auf dem europäischen Kontinent könnte bis Ende Juni Schreckensbilder hervorrufen, die – in einer irrationalen Vermischung von Bürgerkriegsflüchtlingen und Arbeitsmigration aus EU-Ländern – die Idee eines Rückzugs hinter nationale Grenzen emotional fördern: nicht nur auf dem Kontinent, sondern auch im Königreich.

Auch kann niemand wirklich sagen, was die ökonomischen Folgen eines „Brexit" wären – weil niemand wirklich sagen kann, welche handels- und wirtschaftspolitischen Arrangements danach vereinbart werden können.

Die Folgen eines Brexit könnten, wenn (ein größer werdendes WENN) auch die EU sich pragmatisch und undogmatisch zeigt, überschaubar bleiben und nicht das Ende der Welt bedeuten.[12] Das setzte vor allem voraus, dass die EU-Institutionen post-Brexit die gemeinsamen Vorteile des gegenseitigen Marktzugangs wahren und den Briten weiter einen in etwa gleichen Zugang zum Binnenmarkt gewähren wollen. Davon gehen viele Brexit-Befürworter aus. Ironischerweise sind es dieselben, die sich täglich über die völlig unbewegliche und marktfeindliche EU-Bürokratie (Kommission, Parlament und Gerichtshof) beklagen, die jetzt so tun, als könne man sich mit genau diesen Institutionen leicht und pragmatisch über eine schnelle und beidseitig gütliche Scheidung einigen. Sie unterschätzen dabei den Anreiz dieser Institutionen – und einiger Mitgliedsländern, es den Briten schwer zu machen, um zu verhindern, dass das Braten von Extrawürsten auf ein à la carte Menu der Brüsseler Verwaltungskantine gesetzt wird.

Wenn britischer Pragmatismus auf kontinentalen Dogmatismus trifft, kann das gerade auch nach einem Brexit für die Briten schlecht ausgehen. Die Studie von von NatCen legt nahe, dass die Briten auch dieses Ende bedenken, im Zweifel das kleinere und bekanntere Übel des Verbleibs

---

[12] http://www.openeuropeberlin.de/grossbritannien-hat-die-wahl-teil-2-von-4-oekonomische-und-politische-eu-szenarien-zwischen-katastrophe-und-hoffnung-von-michael-wohlgemuth/

wählen und sich auf den alten Wahlspruch besinnen: „keep calm and carry on".

***

3. WARUM DIE BRITEN FÜR DIE EU UND DEUTSCHLAND WICHTIG SIND

THE EU'S REAL EXIT DANGER IS THE UNITED KINGDOM. Michael Wohlgemuth | 22 Jul 2015

With eyes fixed on Greece, Europe's politicians and media are ignoring a weightier economic and geopolitical threat – 'Brexit'. The European Union should consider the implications of losing its second-largest economy and a political and military heavyweight.

Since Greece held elections early in 2015, the escalating financial crisis in that country has brought a possible Greek exit from the Eurozone to the centre of contingency planning in Brussels. For years, the EU has done everything in its power to ward off the spectre of a `Grexit' that could potentially discredit the whole European political project.

But what about the United Kingdom, which has been toying with the idea of life outside the EU for much longer? Few outside the UK seem to be genuinely worried about the country pulling out of the EU. But with the surprise victory of Prime Minister David Cameron's Conservatives, it is now plain that there will be an in-or-out referendum before 2017.

A vote to leave would involve economic consequences for the UK that are hard to predict. The impact on the rest of Europe would be equally incalculable. What is certain is that the effects would dwarf those resulting from a `Grexit' and could potentially put at risk the EU's status as a competitive and credible global player.

The UK already accounts for 15 per cent of the EU's economic output, putting it well clear of France as the bloc's second-largest economy. Within 30 years, if favourable demographic trends hold, the UK could actually overtake Germany as Europe's biggest economy. By contrast, Greece's share of the EU's GDP is only 1.3 per cent.

A comprehensive study by Open Europe tried to assess the net effect on the UK economy of leaving the EU.[13] Assuming `politically realistic' scenarios in which bilateral trade agreements were reached between the UK and the EU, and depending on the British government's willingness to use its new sovereignty to push pro-market reforms, the UK economy could suffer a 'permanent loss' of as much as 0.8 per cent of GDP or gain as much as 0.6 per cent of GDP by the year 2030. In the worst case, assuming no new trade agreements and ensuing economic isolation, total output in the UK would drop by 2.2 per cent.

---

[13] http://openeurope.org.uk/intelligence/britain-and-the-eu/what-if-there-were-a-brexit/

Impact of various Brexit scenarios on UK GDP (2030)

% GDP	*Brexit worst case*	*UK-EU FTA 1*	*UK-EU FTA 2*	*Brexit best case*
Initial cost	-2.76	-1.03	-1.03	-1.03
EU budget saving	0.53	0.22	0.22	0.53
Unilateral free trade	-	-	0.75	0.75
Deregulation	-	-	0.7	1.3
Total welfare gain/loss	**-2.23**	**-0.81**	**0.64**	**1.55**

oe Source: Open Europe and Ciuriak Consulting

What would this imply for the UK's European trading partners? The German Bertelsmann Foundation estimates that the EU (excluding the UK) would lose between 0.1 and 0.36 per cent in real GDP per capita from foregone growth in foreign trade.[14] Individual industries would suffer in varying degrees from lost export sales to the UK. The German automotive industry would be hurt the most, with total sales dropping by up to 2 per cent.

Taxpayers in EU member states should also be concerned. The UK is the second-largest net contributor to the EU budget after Germany, paying 10.8 billion euros more into the EU pot than it takes out. To compensate for lost revenue in the event of a British exit, Germany would have to pay 2.5 billion euros more into the EU budget each year, France would pay an extra 1.9 billion euros, and Spain nearly 1 billion euros more, according to the Bertelsmann Foundation study.

There is no question that the country hardest hit by a `Brexit' would be Ireland. The report from Open Europe shows that Ireland's growth would slow by 1.1 per cent to 3.1 per cent of GDP by 2030 should the UK leave the EU. Ireland is also a big importer of British durable goods. Though many in the UK have argued that leaving the EU would allow the country to focus more on exports to the BRICS countries, the truth

---

[14] https://www.bertelsmann-stiftung.de/fileadmin/files/BSt/Publikationen/GrauePublikationen/Policy-Brief-Brexit-de_NW_05_2015.pdf

is that the UK exported more to Ireland last year (US$30 billion) than to China.

`Brexit' would be especially painful for Northern Ireland, where the reintroduction of border controls and tariffs could trigger a disproportionate drop in trade and employment and potentially pave the way for a revival of old political conflicts.

Indeed, it is the political, rather than the economic costs of `Brexit' that could make many EU member states more receptive to David Cameron's reform agenda than is apparent at first glance.

***

BREXIT: SPINNEN DIE BRITEN? Frank Schäffler | 19 May 2015

Jetzt drückt der Wahlgewinner David Cameron auf die Tube. Schon im Sommer 2016 möchte er die Briten über den Verbleib in der Europäischen Union abstimmen lassen. Er will die Gunst der Stunde nutzen und setzt die Staats- und Regierungschefs und die EU-Kommission unter Druck. Denn seit seiner viel beachteten Europa-Rede im Januar 2013 ist nicht viel passiert.[15] Man gewinnt vielmehr den Eindruck, das restliche EU-Europa wäre froh, wenn die ständig

[15] https://www.gov.uk/government/speeches/eu-speech-at-bloomberg

nörgelnden Briten endlich die „Schicksalsgemeinschaft" verlassen würden.[16]

Gerade in Deutschland widmet man dem Verbleib Griechenlands im Euro-Club eine viel größere Aufmerksamkeit als dem Weg des Vereinigten Königreichs in Europa. Dabei ist die Bedeutung Griechenlands für den Wohlstand in Deutschland von untergeordneter Bedeutung. Aus Griechenland wurden 2014 nach Deutschland lediglich 1,73 Milliarden Euro Waren importiert und lediglich knapp 5 Milliarden Euro exportiert. Jedoch exportieren heimische Unternehmen über 76 Milliarden Euro Waren und Dienstleistungen auf die Insel. Für britische Unternehmen ist Deutschland der wichtigste Handelspartner. Von dort werden für 42 Milliarden Euro Güter und Dienstleistungen nach Deutschland exportiert.

Das scheint EU-Parlamentspräsident Martin Schulz egal zu sein. Er hat schon einmal vorgebaut.[17] Nicht infrage komme, dass die Briten vor der Volksabstimmung Forderungen stellten nach dem Motto: „Sagt uns mal, was ihr uns gebt, dann sagen wir Euch, ob wir bleiben." Unabhängig davon, dass Schulz damit die bisherige Entscheidungsfindung in der Europäischen Union präzise beschrieben hat, tut er

---

[16] http://blog.openeuropeberlin.de/2013/03/was-ist-ein-euro-skeptiker-von-michael.html

[17] http://www.faz.net/aktuell/politik/europaeische-union/cameron-plant-schon-2016-referendum-ueber-eu-austritt-13588429.html

Cameron in diesem Fall unrecht. Cameron hat in seiner Rede in Davos 2013 tiefgreifende Reformen angemahnt und eine Trendumkehr für eine Europa von unten gefordert.[18] Mehr vom Gleichen werde keinen Vorteil bringen, sondern die ökonomische Misere befördern. Es war ein leidenschaftliches Plädoyer gegen den Zentralismus in der EU. Die Europäische Union steckt spätestens seit der Eurokrise in der Sackgasse: Sie ist zu zentralistisch, wo Non-Zentralismus und ein Systemwettbewerb gefragt wäre. Sie ist zu willkürlich, wo Rechtsstaatlichkeit notwendig wäre. Und sie ist zu planwirtschaftlich, wo Marktwirtschaft erforderlich wäre.

Die Antwort der Kommission und des EU-Parlaments sind Forderungen nach immer neuen Kompetenzen und mehr Macht in Brüssel. Diese Antwort ist zentralistisch, wenn es um die Steuerbemessungsgrundlagen von Unternehmen, um die Beaufsichtigung von Banken oder die Sammelwut von persönlichen Daten geht. Sie ist willkürlich, wenn es um die Auslegung der gemeinsamen Verträge geht, ob es die Maastricht-Kriterien waren oder ob es der Fiskalpakt ist: immer wird mindestens ein Auge zugedrückt. Und sie ist planwirtschaftlich, weil die Kommission und das Parlament glauben, dass Wirtschaftswachstum und Wohlstand – wie aktuell durch den Juncker-Plan – durch öffentliche Investitionslenkung erzielt werden können.

---

[18] https://www.gov.uk/government/speeches/prime-minister-david-camerons-speech-to-the-world-economic-forum-in-davos

Hinter dieser freiheitszerstörenden Entwicklung steckt der Glaube an das Primat der Politik. Doch Europa muss dem Primat von Recht und Freiheit folgen. Großbritannien hat dafür eine Schlüsselrolle in der Europäischen Union inne. Das Vereinigte Königreich mit seiner jahrhundertelangen Tradition der Marktwirtschaft, des Freihandels und des Rechts ist natürlicher Verbündeter eines non-zentristischen Europas. Namen wie John Locke, Adam Smith, John Stuart Mill und Lord Acton stehen bis heute für diese große Freiheitstradition. Scheidet Großbritannien aus der Staatengemeinschaft aus, verschiebt sich das Koordinatenkreuz in der Europäischen Union zum Unguten. Die Zentralisten, Planer und Umverteiler würde in einer EU der dann 27 noch mehr Überhand gewinnen. Die Gewichte würden sich noch stärker, noch schneller und noch unumkehrbarer in Richtung Südeuropa verschieben.

Die wichtige Rolle Großbritanniens für die Europäische Union zeigte sich vor zwei Jahren bei den Verhandlungen über den Finanzrahmen der Europäischen Union. Damals wollte Cameron die Mittel für die EU radikal kürzen. Kommission, Südländer und EU-Parlament wollten dagegen die Mittel massiv erhöhen. Es war die vermittelnde Seite Deutschlands, die ein Einfrieren des EU-Haushaltes erreichen konnte. Dies wäre ohne die radikale Position der Briten nie gelungen. Scheidet Großbritannien aus, dann hält kein Damm mehr.

Die Europäische Union braucht jetzt eine offene Diskussion über ihre weitere Entwicklung, die bereits vor dem Referendum in Großbritannien geführt werden muss. Die Antwort auf ein Europa des Zentralismus, der Willkür und der Planwirtschaft muss eine Europa von Recht und Freiheit sein, das einen Wettbewerb der Regionen und Staaten zulässt und die Marktwirtschaft als tragende Gesellschaftsordnung manifestiert. In diesem Europa sollen tausend Blumen blühen.

***

MEHR DENN JE: DEUTSCHLAND BRAUCHT GROSSBRITANNIEN AN SEINER SEITE. Mats Persson | 7 Jan 2015

Wenn sich heute Angela Merkel und David Cameron in London treffen, dürften sich beide Regierungschefs einer Gemeinsamkeit deutlich bewusst werden: beide sind in wichtige und schwierige politische Kämpfe verwickelt. Für Merkel geht es erneut darum, mit einer Eurozone voller Risiken und Unsicherheiten zurechtzukommen. Für Cameron geht es um alles, was mit den anstehenden Wahlen im Mai zusammenhängt.

Doch letztlich geht es vor allem um das Jahr 2017. Für dieses Jahr hat Cameron, im Falle seiner Wiederwahl, ein Referendum über das Verhältnis Großbritanniens zur EU angekündigt. Dem soll eine grundlegende Reform der EU vorausgehen. Cameron weiß, dass er für den Erfolg seiner

Strategie spätestens 2016 die Unterstützung von Merkel brauchen wird. Und Merkel hat bei einem Austritt Großbritanniens aus der EU mehr zu verlieren als oft angenommen wird. Und es könnte für sie noch schlimmer werden.

Es gibt genug Gründe, weshalb Deutschland Großbritannien in der EU halten möchte.[19] Ohne die Briten würde der EU Binnenmarkt um 15 Prozent kleiner; etwa 284 Milliarden Euro an Exporten in der EU wären mit neuen Hemmnissen belastet; dem EU-Budget fehlten 15 Milliarden Euro; und die EU verlöre eine ihrer beiden mächtigeren Militärmächte. Das ist schon Grund genug; bis 2017 jedoch sollte sich Deutschland die Briten noch mehr als Partner wünschen als schon jetzt.

Der Süden wird protektionistischer

Die Aussicht, so ziemlich alleine in den Gremien der EU einem selbstbewussten Mittelmeerblock gegenüberstehen, wird für Deutschland zunehmend zum Alptraum. Schon in diesem Jahr könnten sich bei den Wahlen in Griechenland und Spanien zwei Parteien (Syriza und Podemos) sehr in den Vordergrund spielen, die einen bewussten Anti-Merkel Kurs vertreten. Beide verlangen mehr Staatsausgaben und scheuen nicht vor einem offenen Bruch mit den Mitgliedschaftsbedingungen in der Eurozone zurück.

---

[19] http://50.87.248.83/~openeuro/david-camerons-problem-ist-auch-europas-problem-von-michael-wohlgemuth/

Auch die Präsidentschaftswahlen in Frankreich 2017 verheißen nichts Gutes. Während François Hollandes Popularitätswerte völlig am Boden und die Mitte-rechts Opposition Parteien nach wie vor heillos zerstritten sind, könnte Marine Le Pen von der Front National leicht die zweite Runde der Wahlen erreichen. Auch wenn sie kaum gewinnen dürfte, wird sie wohl den Ton angeben, und dazu verleiten, die ohnehin schon schwierigen Beziehungen zwischen Paris und Berlin weiter zu belasten.

Podemos, Syriza und der Front National haben eines gemein: sie verabscheuen offene Märkte und das was in Deutschland als Ordnungspolitik verstanden wird. Nimmt man nun noch Italien hinzu, wo nahezu die Hälfte der Wähler zu Parteien tendieren, die dem Euro sehr kritisch gegenüberstehen oder gar einen Austritt befürworten, wird klar: der politische Graben zwischen den Nord- und den Südländern in der EU dürfte sich noch weiter vertiefen und immer schwieriger zu überbrücken sein.

Auch in Deutschland haben es offene Märkte und Gesellschaften schwerer

Doch auch in der deutschen Gesellschaft tun sich ähnliche Risse auf. Wie auch sonst in Europa verlaufen diese nicht zwischen traditionellen Fronten von Links und Rechts, sondern zwischen denen, die Märkte und Gesellschaften offen halten und denen, die beide abschotten wollen.

Die "Anti-Islamisierungs-" Bewegung Pegida könnte hierfür ein Indiz sein. Immerhin hat eine aktuelle Umfrage ergeben, dass 37 Prozent der Deutschen "Immigration" als wichtigste Herausforderung für ihr Land erachten – sehr nahe an den 38 Prozent der Briten in derselben Umfrage (wobei sich die Debatte anders als in Großbritannien eher auf Einwanderung aus Nicht-EU Ländern bezieht).

Und auch in Deutschland zeigt sich ein erstaunlicher Widerstand gegen offene Märkte, ausgerechnet jetzt, da bei leeren Staatskassen gerade Freihandel und Marktöffnung (etwa bei Dienstleistungen) für nachhaltiges Wachstums sorgen könnten. In Umfragen ist die deutsche Öffentlichkeit gleichermaßen gespalten, wenn es um das Freihandelsabkommen zwischen EU und USA geht.

Zwei Folgen

Ein zunehmend protektionistisches Deutschland in einer zunehmend protektionistischen EU hätte zweierlei zur Folge: die Eurozone wäre zu anhaltendem Niedergang verurteilt – was wiederum das Risiko des Austritts Großbritanniens deutlich erhöhte. Damit verlöre die EU ihren Wert als Freihandelsclub – und vor allem als solcher wird die EU von den Briten geschätzt. Ohne Großbritannien wiederum dürfte die EU insgesamt sklerotischer und abgeschotteter werden, und Deutschland hätte dem traditionell protektionistischen Süden der EU kaum mehr etwas entgegenzusetzen. Deutschlands Politiker müssen sich nun endlich zum Freihandel bekennen und hierfür werben!

Angesichts stagnierender globaler Nachfrage, einer schrumpfenden Bevölkerung und einigen sehr teuren Politiken wird Deutschland zudem immer weniger in Lage sein, aus eigener Kraft die EU oder auch nur die Eurozoneaus der Stagnation zu ziehen.[20] Allein die deutsche „Energiewende" könnte die deutsche Wirtschaft mit rund einer Billion Euro belasten – in etwa die Kosten der deutschen Wiedervereinigung. Und schließlich ist 2017 auch in Deutschland Superwahljahr. Will Frau Merkel wirklich „Brexit", den Verlust Großbritanniens als EU-Mitglied, zu ihrem Vermächtnis hinzufügen?

Eine Notwendigkeit

Das heißt nicht, dass Deutschland allen Forderungen von David Cameron entgegenkommen wird. Eine schlichte Quote für EU-Einwanderer etwa dürfte eine echte „rote Linie" der Bundesregierung sein.[21] Auch hat Großbritannien genug Herausforderungen allein zu bewältigen. All das heißt jedoch, dass in einem Europa, das mit schwachem Wachstum, schwachen Regierungen und immer stärkerem Populismus zu kämpfen hat, ein Deutsch-Britischer Pakt für umfassende EU-Reformen nicht mehr nur erstrebenswert

---

[20] http://50.87.248.83/~openeuro/deutschland-der-gar-nicht-so-gesunde-mann-europas-von-michael-wohlgemuth/

[21] http://50.87.248.83/~openeuro/rote-linie-migration-keep-calm-and-reform-the-eu-von-michael-wohlgemuth/

ist. Er ist unbedingt notwendig geworden. Auch von Berlin aus betrachtet.

***

BREXIT: OBSERVATIONS AND ILLUSIONS. Ottmar Issing | 11 Mar 2016

Before I present a few considerations on the potential consequences of Brexit, I would like to clarify:

I do not consider the EU, and certainly not the EMU, to be in perfect condition or on the way to completion, by any means.

I have seen vastly contradictory projections of the consequences of Brexit for the UK.

From tremendous gains in welfare to very gloomy scenarios. This will confuse many voters so they will express their prejudice anyway.

The "Leave" camp sees post-Brexit Britain:

- enjoying full sovereignty once again,
- being relieved from the burdens of European regulation,
- no longer having to make net payments into the EU budget,
- getting full control over her borders.

These achievements will be earned, while unlimited access to the Single Market will be retained. While I will not enter into a game of pros and cons, I will present some observations and arguments against such a rosy scenario.

Observations

1. The Maastricht Treaty rests on the principle that all EU countries with no opt-out clause should become members of the EMU over time. Whereas the legal position remains unchanged, considering the heavy problem EMU is confronted with, this obligation to join is de facto at least adjourned. At the same time the commitment to "ever closer union" is debated not only from the British side. As a consequence the idea of the EU as a single currency area rests on calculations of non-euro member countries about the pros and cons of euro membership. Once the EMU finds itself in better shape and national currencies outside the euro area are exposed to volatility and waves of speculation, euro membership will move from a legal obligation to a question of national interests.

2. The EU will be a different animal after a Brexit. The EU will have to live without British pragmatism, resistance to further regulation and centralization. Protectionist attitudes which are popular not only in France will get into a much stronger position.

To assume that the British position outside the EU could be compared with Switzerland or Norway is misguided anyway. The argument that it's in the interest of EU members themselves to continue freedom for trade and capital is economically correct, but politically naive. This argument will not convince countries that traditionally have sympathy for protecting national markets, and not only populist parties will campaign on "punishing Brits".

Illusions

1. The argument that getting rid of rigid European regulation will bring a boost to economic activities in Britain is substantially weakened by the fact that according to studies, e.g. by the OECD, Britain has the least regulated labour market of all EU countries and the second least regulated product market. And considering financial market regulation the collapse of the financial system was also due to permissive regulation in Britain.

2. Over the last three years Britain has had the highest growth of all G7 countries. A result in spite of high European regulations, or partly because of taking advantage of the benefits of the Single Market, lower regulation and having retained her own currency? What about the argument that as a kind of "half detached" country from the EU, Britain has enjoyed the best of both worlds?

3. Uncertainty on the outcome of the referendum has already had a negative impact on Sterling. In the context of a negative implication of Brexit on the trade position, the current account deficit might trend into dangerous territory. The governor of the BoE has already warned that risk premia could be attached to UK assets. European investors hold the

bulk of Britain's short term liabilities, which exposes the Pound to the risk of speculative attacks.

4. The Pound has gained in importance in the international monetary and financial system. It is hard to argue that this development was not supported by Britain's membership of the EU.

5. The idea that the City of London will gain from British sovereignty when it comes to regulation might in the end be the biggest illusion. Some international banks are already planning to reduce their activities and staff in London. Counteracting this threat with a return to permissive regulation might turn out to be a tremendous risk in the longer term.

6. The UK has attracted huge amounts of direct investment from abroad. Being exposed to the risk that trade relations with the EU – by far its biggest partner – might deteriorate could have a strong negative impact on this essential contribution to British competitiveness.

Conclusions

I admire the open debate in this country on the pros and cons of Brexit or EU membership. At the same time there was a high degree of disinterest in the past on EU matters and continued ignorance. Coming to London I never miss the opportunity to ask people - especially taxi drivers - for their opinion on "Europe" (I have given up including the euro in these questions). What you hear only just stops short of blaming Europe for the bad weather in this country.

When it comes to the referendum, I do hope that fear of getting into uncertainty will prevail over illusionary hopes connected with Brexit. How high is the respect of Britons for the warning by the Prince of Denmark?:

> *"The undiscover'd country, from whose bourn*
>
> *No traveller returns- puzzles the will,*
>
> *And makes us rather bear those ills we have*
>
> *Than fly to others that we know not of?"*

EU-REFORM DEBATTE

UMFRAGE: UK-REFORMAGENDA FINDET BEI DEN DEUTSCHEN UNTERSTÜTZUNG. Gérard Bökenkamp | 13 Okt 2015

Neben der Euro- und der Flüchtlingskrise steht die Europäische Union vor einer dritten großen Herausforderung, den Austritt Großbritanniens aus der EU zu verhindern. Der Verbleib Großbritanniens in der EU wird wesentlich von den Erfolgen der Regierung von Premierminister David Cameron abhängen, wenigstens Teile ihrer Reformagenda vor dem Referendum, das voraussichtlich schon im kommenden Jahr stattfinden wird, durchzusetzen.

Ob ihr das gelingen wird, hängt natürlich wesentlich von der Resonanz ab, die die britischen Forderungen in den anderen EU-Staaten – besonders in Deutschland – finden.

Deshalb haben Open Europe Berlin und die British Chamber of Commerce Germany (BCCG) gemeinsam beim Meinungsforschungsinstitut Forsa eine repräsentative Umfrage in Auftrag gegeben, um den Rückhalt für zentrale

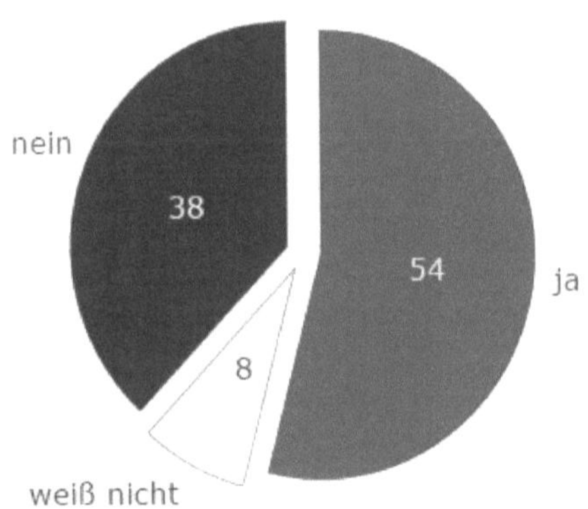

Forderungen der britischen Reformagenda in der deutschen Bevölkerung zu ermitteln. Zwischen dem 5 und dem 7. Oktober wurden 1018 wahlberechtigte Bürger befragt.[22]

---

22 http://www.openeuropeberlin.de/Content/Documents/Event_BCCG_EU_131015.pdf

Mehr Kompetenzen von der EU auf die nationale Ebene verlagern

Die Britische Forderung, wieder mehr Kompetenzen von der Ebene der EU auf die nationale Ebene zu verlagern, findet die Zustimmung von 54 Prozent der Befragten, demgegenüber stehen 38 Prozent, die das ablehnen.

Eine Rote Karte für EU-Gesetze durch nationale Parlamente

Nationale Parlamente der EU-Mitgliedsstaaten sollten das Recht haben, Gesetze und Verordnungen der EU zu stoppen, wenn eine bestimmte Anzahl von Parlamenten der Mitgliedsstaaten diese ablehnt

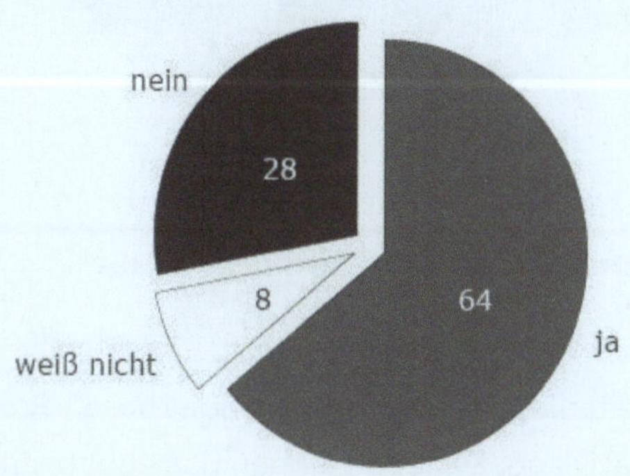

Der Vorschlag der Cameron-Regierung ein Vetorecht für die nationalen Parlamente zu schaffen, so dass eine bestimmte Anzahl von Parlamenten EU-Gesetzgebungsprozesse stoppen kann, findet sogar die Unterstützung von 64

Prozent der befragten Bundesbürger. Nur 28 Prozent lehnen das ab.

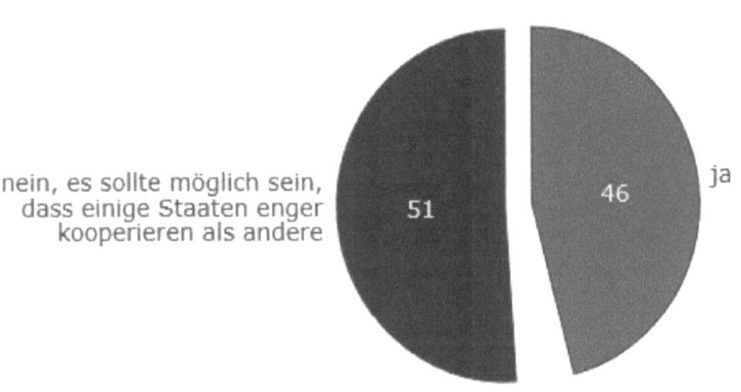

Engere Zusammenarbeit auf freiwilliger Basis

Die Idee, dass einige Staaten auf freiwillige Basis enger zusammenarbeiten dürfen als andere, findet bei 51 Prozent der Befragten Anklang. Dagegen lehnen das 46 Prozent der Befragten ab.

Kein grundsätzlicher Anspruch auf Sozialleistungen

Von den Befragten lehnen 69 Prozent den grundsätzlichen Anspruch von EU-Bürgern in einem anderen EU-Land Sozialleistungen zu beziehen, soweit sie nicht selbst für einige Jahre eingezahlt haben, ab. Jeder Staat soll über den Zugang zu Sozialleistungen selbst entscheiden dürfen, wie das von der Britischen Regierung vorgeschlagen worden ist.

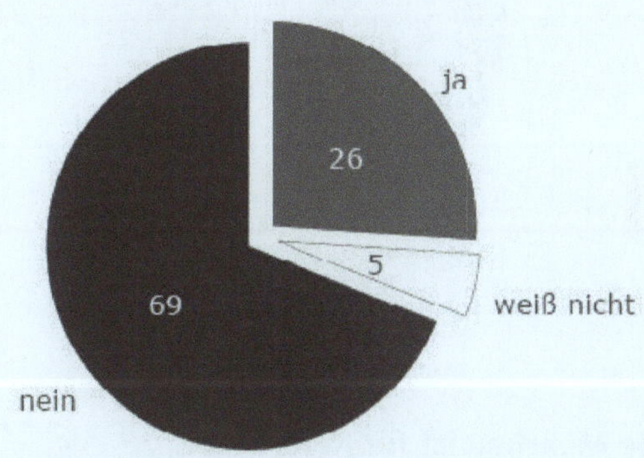

Den Euro in der gesamten Eurozone einführen

In der Frage, ob über kurz oder lang alle EU-Staaten den Euro als Währung einführen sollen, vertritt die Mehrheit der Befragten jedoch eine andere Position als Großbritannien. 52 Prozent sind der Ansicht, dass auch die EU-Staaten, die der Eurozone noch nicht angehören, langfristig den Euro einführen sollten. 43 Prozent wollen die Entscheidung den Staaten selbst überlassen.

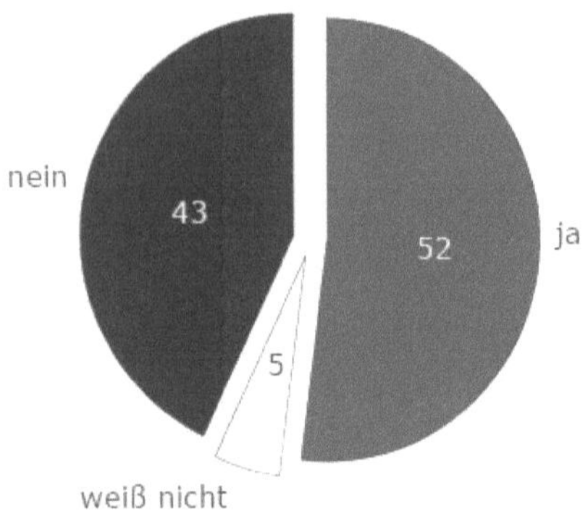

Große Mehrheit ist für Referenden

Eine überwältigende Mehrheit der Befragten von 72 Prozent unterstützt, dass die Bürger über die Mitgliedschaft in der EU in einem Referendum, wie die Regierung von Großbritannien es angekündigt hat, selbst entscheiden. Nur 25 Prozent wollen das allein den nationalen Parlamenten überlassen.

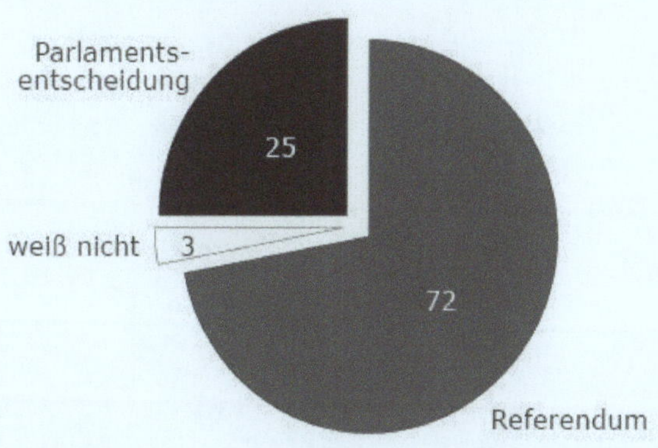

Die Mehrheit würde einen Austritt Großbritanniens bedauern

Einen Austritt Großbritanniens aus der EU würden immerhin 55 Prozent der befragten Bürger bedauern, 36 Prozent würden den Austritt Großbritanniens hingegen nicht bedauern. Im Vergleich zu früheren Befragungen aus dem Sommer 2014, hat sich die Zahl derjenigen, die den Austritt bedauern würden leicht erhöht. Damals gaben 51 Prozent der Befragten an, sie würden den Austritt Großbritanniens aus der EU bedauern und 41 Prozent gaben an, sie würden ihn nicht bedauern.

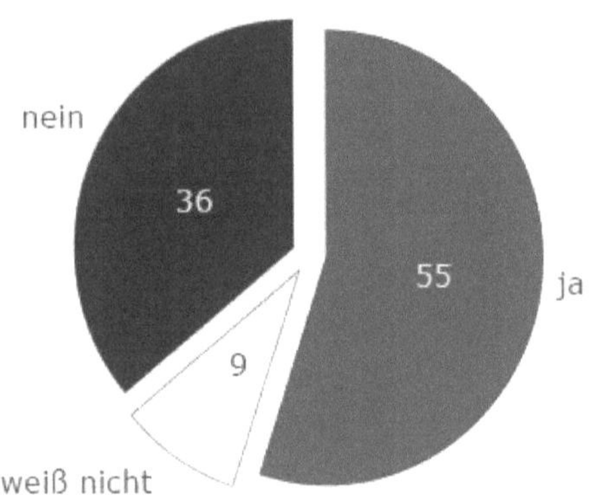

Befragung von Mitgliedsunternehmen der BCCG

Gleichzeitig mit der Forsa-Befragung hat die British Chamber of Commerce in Germany auch ihre Mitglieder über die Kernthemen der britischen Reformagenda und den möglichen Brexit befragt. Von den 4000 Mitarbeitern aus der Führungsebene der 1500 Mitgliedsunternehmen beteiligten sich 150 an der Befragung. Das Ergebnis dieser Stichprobe unter Führungskräften der Wirtschaft fiel in diesem Fall noch deutlicher zu Grunsten der EU-Reform aus, wie in der Bevölkerung insgesamt.

• 60,9 % der Befragten stimmen zu, dass nationale Parlamente der Staaten das Recht haben sollten Gesetze der EU zu stoppen, wenn diese von mehreren Parlamenten abgelehnt werden.

• 60,9% der Befragten meinen, dass bei Eintritt in die EU nicht jeder Mitgliedsstaat auch den Euro als Währung beitreten muss.
• 67 Prozent sprachen sich dafür aus, dass die EU-Staaten den Zugang zu Sozialleistungen für EU-Ausländer von der vorhergehenden Beteiligung an der Finanzierung des Sozialstaates abhängig machen dürfen.
• 78,1% der Befragten meinen, es sollte möglich sein, dass Staaten mit den Ländern enger zusammenzuarbeiten, die bestimmte Themen ähnlich sehen und nicht alle Entscheidungen zusammen treffen müssen.

Fazit

Das Ergebnis zeigt, dass Kernpunkte der britischen Reformagenda in breiten Teilen der deutschen Bevölkerung und unter Unternehmen, die in den deutsch-britischen Wirtschaftsbeziehungen besonders aktiv sind, Unterstützung finden. Das kann als Fingerzeig für die Politik gesehen zu werden, sich den Fragen der EU-Reform mehr als zuvor zu widmen.

* Die Differenz zu den hundert Prozent ergibt sich aus den Antworten "weiß nicht"

***

BREXIT: DER TRAUM VON DER EUROPÄISCHEN EINHEIT WÄRE AUSGETRÄUMT. Ein Gespräch mit Günter Verheugen | 3 Aug 2015

Ein möglicher Grexit ist nicht das größte Problem der EU. Bis spätestens 2017 wird es ein Referendum über die Mitgliedschaft Großbritanniens in der EU geben. Ohne weitreichende Reformen droht ein Brexit. Das würde den Verlust der zweitgrößten Wirtschaftsmacht der EU bedeuten.

Open Europe Berlin interviewte den früheren EU-Kommissar Günter Verheugen über die Folgen eines möglichen Austritts Großbritanniens aus der Europäischen Union, wie der Brexit verhindert werden kann und welche Chancen er für Reformen in der EU sieht.[23] Günter Verheugen sprach auch auf der Open Europe Veranstaltung "Wohin des Wegs, Europa?" am 22. Juli 2015.[24]

In Großbritannien wird es spätestens im Jahr 2017 ein Referendum über den Verbleib Großbritannien in der

[23] http://www.kuwi.europa-uni.de/de/studium/master/es/Unser_Team/professuren/Guenter_Verheugen/index.html

[24] http://blog.openeuropeberlin.de/2015/07/wohin-des-wegs-europa-peter-graf.html

Europäischen Union geben. Was würde ein Austritt Großbritanniens für die Europäische Union bedeuten?

Verheugen:

"In der Hierarchie der Intensität, mit der die EU ihre erkennbaren Herausforderungen angeht, steht der mögliche EU-Austritt Großbritanniens nicht an erster Stelle. Das könnte sich aber als fataler Fehler erweisen, denn niemand weiß, wie die Folgewirkungen eines solchen bislang beispiellosen Schritts aussehen werden. Ökonomisch wäre es für beide Seiten ein Gebot der Klugheit, die Binnenmarktintegration des United Kingdom zu erhalten. Allerdings wäre dann das paradoxe Ergebnis für Großbritannien, das ja austreten würde, um seine Souveränität zu behalten, ein massiver Verlust an Souveränität. Die Binnenmarktregeln würden für Großbritannien weiter gelten, im Streitfall ausgelegt vom EUGH, aber Großbritannien hätte keinen Einfluss mehr auf die Rechtsetzung."

"Politisch wäre das Resultat für die EU ein massiver internationaler Bedeutungsverlust, eine weitere Entfremdung von den USA, eine kaum wieder gutzumachende Schwächung der gemeinsamen Außen- und Sicherheitspolitik, vor allen Dingen aber ein existenzbedrohendes Signal. Was einer kann, können andere auch. Der Traum von der europäischen Einheit wäre ausgeträumt. Den Austritt Großbritanniens als verkraftbaren Verlust oder gar als Vorteil zu betrachten (man wäre den

ewigen Störenfried endlich los) wäre im höchsten Grade verantwortungslos."

David Cameron hat Reformen für die Europäische Union angemahnt. Auf welche Reformen sollten und könnten sich die EU und das Vereinigte Königreich verständigen?

Verheugen:

"Für mich ist fraglich, ob ein wie auch immer geartetes „Reformpaket" ausreichen wird, im Referendum eine Mehrheit für den Verbleib in der EU zu erreichen, denn in Wahrheit haben in Großbritannien EU-Probleme keinen hohen Stellenwert. Die Menschen dort halten andere Fragen für vordringlich. Dennoch kann man auf den Versuch nicht verzichten, den EU-Befürwortern in Großbritannien das Argument in die Hand zu geben, tatsächlich wichtige Verbesserungen erreicht zu haben. Es kann dabei aber nicht um eine Neuverhandlung der EU-Verträge gehen; Reformen müssten unterhalb der Ebene der Vertragsänderung angesiedelt sein."

"Wie weit man hier gehen will, ist eine Frage des politischen Willens. Sekundärrechtlich ist sehr vieles möglich. Es sollten Sonderregelungen für Großbritannien vermieden werden (solche würden natürlich überall Begehrlichkeiten wecken), sondern es sollten Reformen sein, die im Interesse aller liegen. Solche gibt es: strengere Beachtung des Subsidiaritätsprinzips, Abbau von Überregulierung und Bürokratie, Rückverlagerung von Kompetenzen, höhere

Transparenz etc.. Insgesamt scheint es mir aber so sehr um die Frage der nationalen Identität im sich vereinigenden Europa zu gehen, dass die Einflussmöglichkeiten von außen begrenzt sind. Und auf jeden Fall muss man sich in der EU vor übermäßiger Einmischung hüten."

Lange Zeit galt in Deutschland der Europäische Bundesstaat als Ziel der Europäischen Integration. Kann an diesem Ziel / Narrativ festgehalten werden oder gibt es alternative Zielvorstellungen, die wir verfolgen sollten?

Verheugen:

"Ich bin nie ein Anhänger dieser Idee gewesen, weil sie der europäischen Realität nicht entspricht. Für einen demokratisch organisierten europäischen Bundesstaat fehlen alle Voraussetzungen. Ich kenne auch kein europäisches Volk, das bereit wäre, seine eigene Staatlichkeit zugunsten eines europäischen Bundesstaates aufzugeben. Aus guten Gründen ist niemals ein Endziel der europäischen Integration erklärt worden. Das Ziel einer „immer engeren Union" ist hinreichend vage und bietet eine Konsensformel für sehr unterschiedliche Vorstellungen."

"Die jüngsten Ereignisse in Bezug auf Griechenland zeigen im Übrigen ganz deutlich, dass in Deutschland die Bereitschaft besonders gering ist, die Lastenteilung zu akzeptieren, die ein europäischer Bundesstaat mit sich bringen würde. Die EU sollte ein Verbund von Staaten

bleiben, die das gemeinsam tun, was sie allein nicht bewältigen können. Ich glaube nicht, dass das Friedens- und Wohlstandsversprechen der europäischen Integration nur in Gestalt eines Superstaates verwirklicht werden kann."

***

BREXIT: DIE CHANCE FÜR REFORMEN NUTZEN. Ein Gespräch mit Peter Graf Kielmansegg | 4 Aug 2015

Ein möglicher Grexit ist nicht das größte Problem der EU. Bis spätestens 2017 wird es ein Referendum über die Mitgliedschaft Großbritanniens in der EU geben. Ohne weitreichende Reformen droht ein Brexit. Das würde den Verlust der zweitgrößten Wirtschaftsmacht der EU bedeuten.

Open Europe Berlin interviewte den Politikwissenschaftler Prof. Dr. Peter Graf Kielmansegg über die Folgen eines Brext, darüber wie dieser verhindert werden kann und welche Reformanstrengungen die EU unternehmen sollte.

In Großbritannien wird es spätestens im Jahr 2017 ein Referendum über den Verbleib Großbritannien in der Europäischen Union geben. Was würde ein Austritt Großbritanniens für die Europäische Union bedeuten?

Kielmansegg:

"Was ein Austritt des Vereinigten Königreiches aus der EU für das Vereinigte Königreich bedeuten würde, müssen die Briten bedenken. Was er für die EU bedeuten würde, haben die anderen MItgliedsländer zu bedenken. Dass er die EU schwächen würde, steht außer Frage. Die wirtschaftlichen Folgen mögen durch entsprechende Verabredungen abzufedern sein. Als Akteur in der Weltarena würde die EU notwendig an Gewicht verlieren."

"Für die, die für den Fortgang der Integration hauptsächlich mit dem Argument werben, Europa werde sich anders gegen die Weltmächte der Zukunft nicht behaupten können, müsste das eine schwerwiegende Konsequenz sein. Ohne das Vereinigte Königreich wird Europa ein außen- und sicherheitspolitischer Akteur von Weltgewicht nicht werden können. Im Übrigen würden sich die Gewichte innerhalb der EU verschieben, zu Lasten der Länder des Nordens und Nordwestens, also auch Deutschlands. Die Distanz ganz Skandinaviens zur EU würde größer werden."

David Cameron hat Reformen für die Europäische Union angemahnt. Auf welche Reformen sollten und könnten sich die EU und das Vereinigte Königreich verständigen?

Kielmansegg:

"Die Mitglieder der Eurozone waren und sind bereit, einen sehr hohen Preis zu zahlen, um Griechenland in der Währungsunion zu halten. Die Mitglieder der EU sollten

bereit sein zu einer mindestens vergleichbaren Anstrengung (wenn auch von sehr anderer Art), um das Vereinigte Königeich in der EU zu halten. Sie hätten dafür bessere Gründe, als die Währungsunion sie im griechischen Fall hatte. Es wäre klug, den britischen Verhandlungswunsch als Gelegenheit zu verstehen und zu nutzen, offener als man das bisher jemals zu tun wagte, nach Fehlentwicklungen im Integrationsprozess zu fragen. Das heißt insbesondere auch, die Leitmaxime "Immer enger" auf den Prüfstand zu stellen."

"Es ist nicht nur ein britisches sondern ein europäisches Interesse, dass das Subsidiaritätprinzip endlich ernst genommen wird. Es ist nicht nur ein britisches sondern ein europäisches Interesse, dass die Frage "Wofür brauchen wir wirklich europäische Normierungen und eine europäische Handlungsfähigkeit?" nüchtern gestellt und präzise beantwortet wird. Das würde Spielraum eröffnen, darüber nachzudenken, ob man in Zukunft nicht auch an befristete, projektbezogene Souveränitätübertragungen denken könnte."

Lange Zeit galt in Deutschland der Europäische Bundesstaat als Ziel der Europäischen Integration. Kann an diesem Ziel / Narrativ festgehalten werden oder gibt es alternative Zielvorstellungen, die wir verfolgen sollten?

Kielmansegg:

"Der europäische Bundesstaat ist auf absehbare Zeit weder möglich noch wünschbar. Es ist ein Gebot der Redlichkeit, dass auch die europäische Rhetorik das zur Kenntnis nimmt. Er ist nicht möglich, weil nicht ein einziges der in der EU zusammengechlossenen Völker ihn wirklich will; auch die politischen Eliten, wie immer sie reden, wollen ihn nicht. Er ist nicht wünschbar, weil er für diesen Kontinent der Vielfalt ein Prokrustesbett wäre. Die Zentralisierungsdynamik, die schon den jetzigen Staatenverbund kennzeichnet und die für einen europäischen Bundesstaat erst recht charakteristisch wäre, würde vermutlich zum Scheitern des ganzen europäischen Projektes führen."

***

OSBORNE FORDERT EINE DEUTSCH-BRITISCHE PARTNERSCHAFT ZUR REFORM DER EU. Gérard Bökenkamp | 4 Nov 2015

Gestern hielt der Britische Schatzkanzler George Osborne eine viel beachtete Rede vor dem BDI in Berlin.[25] Osborne ist der wichtigste Minister im Kabinett von David Cameron. Er setzte die auf dem Kontinent viel umstrittene Austeritätspolitik um und wurde damit zu dem Architekten des wirtschaftlichen Wiedererstarkens Großbritanniens in den letzten Jahren. Sein Wort hat im Vereinigten Königreich also großes Gewicht. Schon in der Vergangenheit hat er sich

[25] http://www.nzz.ch/wirtschaft/wirtschaftspolitik/eine-eu-der-verschiedenen-tempi-1.18640639

in seiner Open Europe-Speech grundlegend zur Zukunft der EU geäußert.[26]

In seiner Ansprache ging es um die Neubestimmung der Rolle Großbritanniens in der EU und die Partnerschaft mit Deutschland.[27] Es wird in der Rede mehr als deutlich, dass die Regierung Cameron in Deutschland den wichtigsten Partner sieht, um Reformen in der EU durchzusetzen. Von der Umsetzung dieser Reformen wird es abhängen, ob der britische Wähler sich in dem angesetzten Referendum über die EU-Mitgliedschaft am Ende für oder gegen den Verbleib in der EU entscheidet. Nach einer von Open Europe Berlin und der Britischen Handelskammer in Deutschland in Auftrag gegebenen Umfrage unterstützen die Bundesbürger zentrale Anliegen der britischen Reformagenda.[28]

Deutschland und Großbritannien als europäische Wachstumsmotoren

Am Beginn seiner Rede vor dem BDI stellte der britische Finanzminister die enge Verknüpfung zwischen der deutschen und der Britischen Volkswirtschaft heraus.

---

[26] http://blog.openeuropeberlin.de/2014/01/die-eu-braucht-reformen-aber-welche-und_1382.html

[27] https://www.gov.uk/government/speeches/let-britain-and-germany-work-together-as-partners-for-a-european-union-that-works-better-for-all-of-us-says-chancellor

[28] http://blog.openeuropeberlin.de/2015/10/flexible-union-statt-bundesstaat-die.html

Zwischen Großbritannien und Deutschland werden im Jahr Güter und Dienstleistungen im Wert von 140 Milliarden Euro gehandelt. 1,9 Billionen Euro haben Deutsche und Briten zusammen im jeweils anderen Land investiert. Großbritannien und Deutschland repräsentieren also einen Großteil der Wirtschafts- und Finanzkraft der Europäischen Union.

Deutschland und Großbritannien sind seit der Finanzkrise um 13 Prozent gewachsen. Im Vergleich dazu ist der Rest von Europa seitdem nur um vier Prozent gewachsen. Zwei Drittel des Wachstums in Europa gingen in dieser Zeit auf das Wachstum der Volkswirtschaften Großbritanniens und Deutschlands zurück. Auch in der Weltwirtschaft seien beide Länder gut aufgestellt, während Deutschland der größte Exporteur nach China sei, sei Großbritannien das Land, in das der größte Teil der chinesischen Investitionen in der EU fließt.

Eine gemeinsame europäische Vision

Osborne schlug vor, Europa gemeinsam zu reformieren. Großbritannien und Deutschland würde vereinen, dass sie kein uniformes Europa wollten, sondern dezentrale Lösungen und Wettbewerb bevorzugten. So wie das Vereinigte Königreich aus vier Nationen bestehe, England, Schottland, Wales und Nordirland, vereinigte Deutschland mit Bayern, Sachsen oder den Hansestaaten ganz unterschiedliche Traditionen. Derselben Respekt für die kulturelle und historische Eigenständigkeit der verschiedenen Landesteile sollte auch die europäische Ebene zeigen.

Gemeinsam sei auch der Einsatz für den Binnenmarkt und den internationalen Freihandel. Osborne sprach sich dafür aus, den Binnenmarkt für Dienstleistungen weiter auszubauen und Bürokratie und Regulierungen weiter abzubauen.[29] Im Hinblick auf das geplante Referendum in Großbritannien über die EU-Mitgliedschaft sagte er, dass es der Wunsch der britischen Regierung sei, weiter in der EU zu bleiben, aber kein Teil einer immer engeren Union.

Die Eurozone und die Nicht-Mitglieder

Von zentraler Bedeutung für Großbritannien sei der langfristige Status der Nicht-Euromitglieder in der EU. Deshalb müsse das Verhältnis der Länder, die keine Mitglieder der Eurozone sind, zu den Mitgliedern der Eurozone neu bestimmt werden.[30] Im Zuge der Eurokrise hätten die Eurostaaten Anstrengungen unternommen, um die Eurozone zusammen zu halten, dazu gehörten zum Beispiel die Bankenunion und weitergehende zwischenstaatliche Kooperationen.

Osborne kritisierte, dass viele dieser Maßnahmen auch für die Nicht-Eurostaaten verbindlich sein sollen. Das zeige,

---

[29] http://blog.openeuropeberlin.de/2013/05/wachstum-schaffen-ohne-waffen-und.html

[30] http://blog.openeuropeberlin.de/2015/09/die-eurozone-und-der-rest-wie-kann-das.html

dass die europäischen Verträge nicht im ausreichenden Maße die Wirklichkeit der EU als einer Gemeinschaft mit verschiedenen Währungen zum Ausdruck bringe. Deshalb forderte Osborne Vertragsänderungen, die die Rechte der Nicht-Eurostaaten auf Eigenständigkeit garantierten.

Dazu gehört nach Osborne, dass die Steuerzahler der Nicht-Eurostaaten nicht für Probleme der Eurozone in Haftung genommen werden, dass Nicht-Eurostaaten in ihrem Zugang zum Binnenmarkt nicht diskriminiert werden dürften und dass die Beteiligung an Maßnahmen zur Stabilisierung der Eurozone für Nicht-Eurostaaten freiwillig sei.

Die Flüchtlingskrise und die internationale Zusammenarbeit

Großbritannien war wegen seiner Zurückhaltung in der Flüchtlingspolitik in den letzten Wochen oft kritisiert worden. Wohl um dieser Kritik zu begegnen, hob Osborne die Leistungen hervor, die Großbritannien in der internationalen Zusammenarbeit bereits erbringt.

Anders als die anderen EU-Staaten gibt Großbritannien schon 0,7 Prozent des BIP für Entwicklungshilfe und die Unterstützung anderer Länder aus, wie in internationalen Verträgen von den westlichen Staaten versprochen. Außerdem ist Großbritannien wie kein anderes europäisches Land in der Flüchtlingshilfe an der syrischen Grenze engagiert.

Osborne bekräftige die Bereitschaft der britischen Regierung bei der Kontrolle der Außengrenze der EU zu helfen. Damit beschrieb Osborne die britische Linie, lieber direkt vor Ort tätig zu werden, als die Grenzen in die EU zu öffnen.

Zusammenfassung: Wettbewerb, EU-Reform, Flüchtlingskrise

- Osborne sieht in Deutschland und Großbritannien die Motoren für Wachstum und Beschäftigung in der EU.
- Beide Länder besitzen ein gemeinsames Verständnis für dezentrale Lösungen und Respekt vor verschiedenen nationalen und regionalen Traditionen.
- Beide Staaten unterstützen den freien Wettbewerb, den Binnenmarkt und den Freihandel und sind die zwei größten Nettozahler in der EU. Deshalb haben beide Staaten ein Interesse die EU gemeinsam zu reformieren.
- Dazu gehört ein Europa verschiedener Geschwindigkeiten und die Anerkennung, dass die EU dauerhaft eine Gemeinschaft mit verschiedenen Währungen sein wird.
- In der Flüchtlingskrise setzt Großbritannien auf internationale Lösungen, auf Hilfen vor Ort und bietet Unterstützung bei der Kontrolle der EU-Außengrenze an.

***

DAVID CAMERONS BRIEF AN DONALD TUSK: EU-REFORM WIRD ETWAS KONKRETER. Michael Wohlgemuth | 10 Nov 2015

Nun ist er raus, der Brief an den EU-Ratspräsidenten in dem der britische Premierminister heute offiziell seine EU-Reformagenda präsentiert (Kopien gingen an den Kommissionspräsidenten, den Präsidenten des EU-Parlaments und alle Staats- und Regierungschefs der EU). Nachzulesen hier.[31]

David Cameron @David_Cameron · 5 Std.

Today I'll set out the objectives of the renegotiation of Britain's membership of the EU. Substantial change isn't Mission Impossible.

223 267

Wirkliche Überraschungen waren nicht dabei. Die wichtigsten Punkte:

- Auf den sechs Seiten werden keine juristischen Details beschrieben; das bleibt den Verhandlungen überlassen.

[31] http://openeurope.org.uk/wp-content/uploads/2015/11/Open_Europe_David_Cameron_letter_to_Donald_Tusk.pdf

- Cameron betont, dass seine Vorschläge allen EU-Mitgliedern und der EU als Ganzer nutzen sollten.

- Er schreibt, sein Anliegen ließe sich mit einem Wort beschreiben: „Flexibilität“. Es geht ihm um vier Reformbereiche:

1. Ordnungspolitik:

Großbritannien will den Mitgliedern in der Eurozone nicht im Wege stehen, wenn sie sich stärken integrieren will, um die gemeinsame Währung zu retten. Cameron will aber auch nicht, dass Nicht-Euroländern der Zugang zum Binnenmarkt erschwert wird, dass sie systematisch überstimmt werden und so etwa für Euro-Rettungsschirme zahlen oder gegen ihren Willen in die Bankenunion einbezogen werden.

2. Wettbewerbsfähigkeit:

Hier sieht Cameron schon wichtige Fortschritte bzw. Initiativen in Brüssel: die Kapitalmarktunion, ein digitaler Binnenmarkt, Handelsvereinbarungen mit den USA und China. Man könne aber noch mehr tun, um Regulierungen abzubauen und Märkte für Dienstleistungen zu öffnen.

3. Souveränität:

Cameron möchte Großbritannien von der Verpflichtung zu einer „immer engeren Union“ entbunden wissen; einer Gruppe von nationalen Parlamenten das Recht geben, EU-

Gesetzgebungsprozesse zu stoppen und dem Subsidiaritätsprinzip mehr Geltung verschaffen.

4. Migration:

Cameron hält das Ausmaß der (Netto-) Einwanderung nach Großbritannien – über 300 000 Menschen – für zu hoch. Das gelte auch für die „unvorhergesehe" Migration von EU-Bürgern (vor allem aus Osteuropa). „Mißbrauch" wie Scheinheiraten müssten ebenso unterbunden werden wie der Bezug von Kindergeld für Kinder, die außerhalb des UK leben. Und: der Bezug von Sozialleistungen in Großbritannien solle erst dann beginnen, wenn EU-Bürger vier Jahre im Land gelebt und Beiträge geleistet haben.

Das Ganze soll rechtlich bindend und irreversibel vereinbart werden (Cameron weiß, dass eine echte Änderung der EU-Verträge kaum zu erreichen sein wird; verweist aber auf Dänemark und Irland, die ähnliche Zusicherungen erhalten haben).

Was kann Cameron erreichen?

Für die EU-Skeptiker – auch in den eigenen Reihen – dürfte Camerons Liste zu bescheiden und dürftig sein. Für „Brüssel" (vor allem: EU-Parlament und Kommission) dürften die Forderungen dagegen zu radikal und eigensinnig erscheinen. Die Staats- und Regierungschefs wiederum dürften sehr unterschiedlicher Meinung sein. Hierzu unsere Einschätzung der 28 Länder.[32]

Am Ende kommt es darauf an, wie die Reformen konkret rechtlich gefasst werden können und wieviel Zeit und guten Willen alle Beteiligten bereit sind, zu investieren. Der Teufel steckt im Detail. Und natürlich hat man in London schon eine genauere Vorstellung dessen, was man im Detail tun könnte. Auch in Tufton Street, wo unsere Partner von Open Europe seit Jahren an konkreten Reformvorschlägen arbeiten. Tatsächlich decken diese ziemlich genau die Reformbereiche ab, die Cameron heute skizziert hat:[33]

1. Zum Verhältnis der Eurozonen „ins" und „outs" gibt es den Vorschlag, qualifizierte Vetorechte kombiniert mit einen leicht veränderten Verfahren verstärkter Zusammenarbeit einzuführen.[34]

2. Zu mehr Wettbewerb haben wir konkrete Schritte vorgeschlagen, wie der EU-Binnenmarkt für Dienstleistungen vorangebracht werden könnte.[35]

---

[32] http://blog.openeuropeberlin.de/2015/11/widerstand-und-unterstutzung-wer-ist.html

[33] http://openeurope.org.uk/intelligence/britain-and-the-eu/a-blueprint-for-reform-of-the-european-union/

[34] http://blog.openeuropeberlin.de/2015/09/die-eurozone-und-der-rest-wie-kann-das.html

[35] http://blog.openeuropeberlin.de/2015/09/die-eurozone-und-der-rest-wie-kann-das.html

3. Zu den Rechten nationaler Parlamente („rote Karte") haben wir uns auch oft (positiv) geäußert.[36]

4. Wie die Freizügigkeit innerhalb der EU erhalten werden kann, ohne gerade das vorwiegend steuerfinanzierte Sozialsystem Großbritanniens zu überfordern, haben die Kollegen in London hier ausgeführt.[37]

Es bleibt noch viel zu tun. Aber es lohnt sich, und gute Ideen gibt es genug. Die beste Lösung wäre: es kommt zu den von Cameron geforderten Reformen, die der ganzen EU nutzen sollten und es kommt nicht zu einem Brexit. Die schlechteste Lösung wäre: Unfähigkeit der EU, Wettbewerbsfähigkeit und demokratische Kontrolle zu verbessern und der Austritt Großbritanniens.

***

ROTE KARTE – WIE NATIONALE PARLAMENTE MEHR EINFLUSS AUF DIE EU ERHALTEN KÖNNEN. Michael Wohlgemuth | 16 Dez 2015

In seinem Brief an Donald Tusk hat Premiermister Cameron die Stärkung der Rolle von nationalen Parlamenten im EU-Gesetzgebungsprozess als wesentliches Anliegen formuliert. Die Details seines Vorschlags sind noch nicht

---

[36] http://blog.openeuropeberlin.de/2014/02/roter-teppich-fur-die-kanzlerin-rote.html

[37] http://openeurope.org.uk/intelligence/immigration-and-justice/citizenship-and-integration/

bekannt – werden aber vielleicht – wenn es die Zeit erlaubt – morgen auf dem EU-Gipfel zumindest andiskutiert.

Was davon konkret zu halten ist, liegt an den Details, die von Number 10 bisher noch nicht öffentlich gemacht

Graph 1: Average EU turnout versus EP powers (1994-2014)

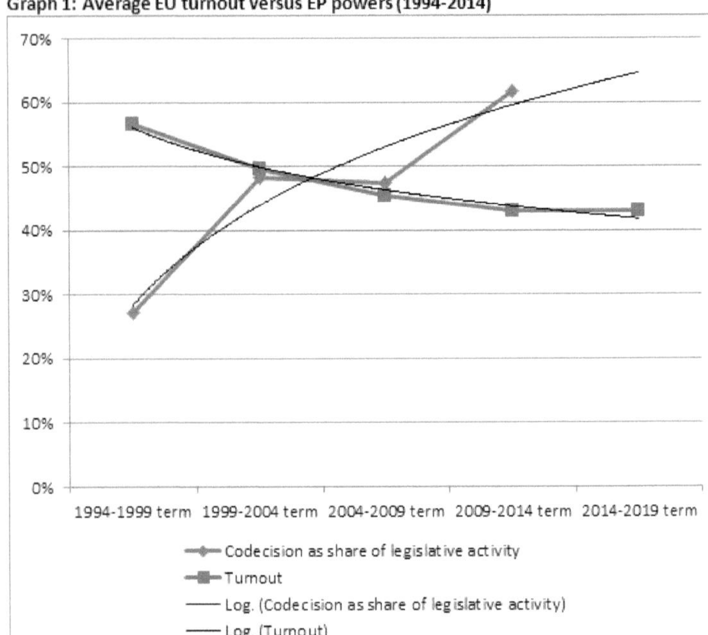

wurden. Die Idee einer „roten Karte" wird freilich schon lange und nicht nur in UK diskutiert.[38] Unsere Partnerorganisation Open Europe hat nun dargelegt, wie eine effektive Gesetzgebungsbremse gestaltet werden

---

38 http://blog.openeuropeberlin.de/2015/12/european-constitutional-group-open.html

könnte – ohne dass hierzu bereits eine Änderung der EU-Verträge notwendig wäre.[39]

Dies sind die wichtigsten Argumente und Vorschläge.

Weshalb sollten nationale Parlamente mehr Kontrolle über EU-Gesetzgebung haben?

Nationale Parlamente sind näher am Bürger. Und mehr Bürger interessieren sich für die Arbeit ihrer Abgeordneten und Parteien auf nationaler Ebene. Die Wahlbeteiligung zum EU-Parlament hat letztes Jahr mit 42% ihr historisches Tief erreicht. Seit den ersten EU-Wahlen 1979 ist die Beteiligung bei jeder Wahl gesunken, obwohl die EU immer mehr Kompetenzen erhalten hat.

Hier ein EU-weiter Vergleich der Wahlbeteiligungen der jeweils letzten nationalen Wahlen und bei der Wahl zum EU-Parlament:

---

[39] http://openeurope.org.uk/intelligence/britain-and-the-eu/showing-the-eu-the-red-card-why-national-parliaments-need-to-be-put-back-in-control/

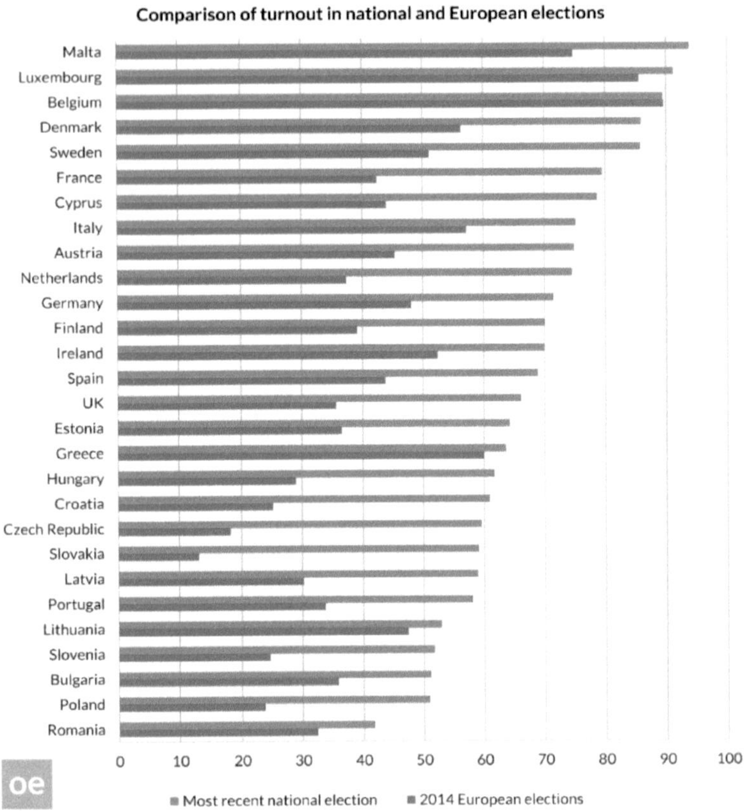

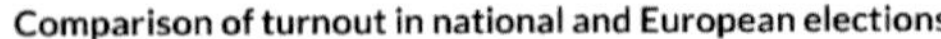

In der niedrigen Wahlbeteiligung sowie in der Wahl populistischer Anti-EU Parteien (mit etwa 30% der Sitze im EU-Parlament) drückt sich auch das gesunkene Vertrauen in die EU und ihre Institutionen aus. Das jüngste Eurobarometer etwa weist aus, dass nur 40% der EU-Bürger der EU vertrauen (46% haben kein Vertrauen).[40]

Aber wir haben doch das Europäische Parlament?

Somit ist es viel zu kurz gedacht, die Vertrauens- und Legitimationsprobleme der EU durch „mehr Rechte" für das EU-Parlament zu lösen zu wollen.

Dies zudem aus zwei weiteren Gründen: im EU-Parlament findet nur sehr eingeschränkt politischer Wettbewerb statt, der den Wählern echte politische Alternativen präsentierte. Auch in Brüssel „regiert" eine „große Koalition" der beiden Gruppen EVP (mitte-rechts) und S&D (mitte-links), die inzwischen fast bei 80% aller Beschlüsse gemeinsam stimmt.[41]

Hinzu kommt, dass auch nach Ansicht des Bundesverfassungsgerichts („Lissabon-Urteil" 2 BvE 2/08, Rn 280) das Europäische Parlament strukturelle Legitimationsdefizite aufweist (hierzu auch hier[42]):

„Es fehlt ... zudem an einem System der Herrschaftsorganisation, in dem ein europäischer Mehrheitswille die Regierungsbildung so trägt, dass er auf

---

[40]http://ec.europa.eu/public_opinion/archives/eb/eb83/eb83_en.htm

[41] http://www.votewatch.eu/blog/the-make-up-and-break-up-of-the-eu-governing-coalition/

[42] http://blog.openeuropeberlin.de/2015/09/politische-union-konzepte-visionen-und_71.html

freie und gleiche Wahlentscheidungen zurückreicht und ein echter und für die Bürger transparenter Wettstreit zwischen Regierung und Opposition entstehen kann. Das Europäische Parlament ist ... kein Repräsentationsorgan eines souveränen europäischen Volkes. Dies spiegelt sich darin, dass es als Vertretung der Völker in den jeweils zugewiesenen nationalen Kontingenten von Abgeordneten nicht als Vertretung der Unionsbürger als ununterschiedene Einheit nach dem Prinzip der Wahlgleichheit angelegt ist."

Aber es gibt doch schon die „gelbe Karte" und „orangene Karte"?

Stimmt. Deutsch heißt das „Subsidiaritätsrüge", englisch „early warning system". Protokolle bezogen auf Art. 12b EUV legen fest:

- Gelbe Karte: wenn mindestens ein Drittel der nationalen Parlamente ein EU-Gesetzgebungsverfahren ablehnen, weil sie meinen, dass dies das Prinzip der Subsidiarität verletzt, muss die EU-Kommission ihre Initiative noch einmal überdenken.

- Orangene Karte: wenn eine Mehrheit der EU-Parlamente ein Verfahren stoppen möchte, haben Rat und EU-Parlament das Recht, die Gesetzesinitiative auch gegen Willen der Kommission zu beenden.

Die „orangene Karte" wurde noch nie gezogen; und die „gelbe Karte" bisher auch erst zweimal: einmal wegen einer umstrittenen Regulierung des nationalen Streikrechts (die die Kommission dann auch zurückgezogen hat); einmal wegen der Einrichtung einer Europäischen Staatsanwaltschaft (ein Projekt, das die Kommission nach wie vor verfolgt[43]).

Woran liegt es, dass die „Subsidiaritätsrüge" so selten genutzt wurde?

Gelegentlich kann man seitens der EU-Institutionen hören, die Abgeordneten in nationalen Parlamenten seien über EU-Gesetzgebungsinitiativen entweder zu wenig informiert oder daran nicht wirklich interessiert, oder schlicht inkompetent, oder vielleicht letztlich einfach zufrieden.

Am Argument, dass viele Abgeordnete vieler nationaler Parlamente über EU-Gesetzgebung schlecht informiert sind und sich lieber über das „Bürokratiemonster Brüssel" echauffieren, nachdem Dinge beschlossen wurden, als sich einzumischen,solange die Dinge auf den Weg gebracht werden, ist etwas dran. Gleichzeitig gibt es jährlich um die 500 Stellungnahmen nationaler Parlamente, die bei der EU-Kommission eingehen (in Deutschland meist aus dem Bundesrat).

[43] http://free-group.eu/2015/04/27/eppo-european-public-prosecutor-also-the-european-parliament-wants-a-say/

Der Grund, weshalb die gelbe Karte bisher so selten gezogen wurde, liegt wohl vor allem daran, dass sie nicht sticht. Denn:

- Die Rüge ist nicht bindend. Die Kommission kann sich darüber hinwegsetzen und weiter machen wie gewollt.

- Die Rüge muss sich auf das Prinzip der Subsidiarität beziehen. Das ist zwar hinreichend vage, wird aber in Brüssel eher so ausgelegt, dass wenn immer es Probleme auf nationalstaatlicher Ebene gibt, die EU besser geeignet ist, sie zu lösen. Subsidiarität hat auch den EuGH noch nie inspiriert, der EU-Gesetzgebung Grenzen zu setzen. Auf das ebenso relevante Rechtsstaatsprinzip der Verhältnismäßigkeit etwa kann sich die gelbe oder orangene Karte nicht berufen.

- Die Rüge unterliegt arg knappen Fristen. Sie muss innert acht Wochen in Brüssel eingegangen sein. Sich in dieser kurzen Zeit zwischen den Fraktionen in den jeweiligen Parlamenten und dann auch zwischen einem Drittel oder einer Hälfte der Parlamente der Mitgliedstaaten eine einheitliche Meinung zu einem Kommissionsvorschlag bilden zu können, ist schier unmöglich.

Wie sähe eine effektive Subsidiaritätsrüge aus?

- Wie der Name schon sagt, „rote Karte" heißt: „Stopp". Der Einwand muss für die EU-Ebene bindend sein.

- Die Zeit, einen solchen Einwand vorzubringen, sollte auf 16 Wochen verdoppelt werden.
- Gründe für Einwände sollten nicht auf Interpretationen von „Subsidiarität" beschränkt sein.
- Auch bereits bestehende EU Gesetze und Richtlinien sollten von nationalen Parlamenten kassiert werden können.

Wie halten wir es mit dem „acquis" (Besitzstand)?

Ich bin hier ganz mit den Kollegen von Open Europe (London) einverstanden. Nur der letzte Punkt scheint mir heikel.

Sicher ist eines der Probleme der „Sperrklinkeneffekt" der EU-Gesetzgebung[44]: es kann recht leicht (und von nationalen Parlamenten und gar Regierungen unbemerkt) geschehen, dass die EU Gesetze und Regulierungen erlässt, die dann im Nachhinein als eigentlich unnötig oder gar schädlich erachtet werden.

Selbst der naivste EU-Anhänger wird nicht behaupten, dass die tausenden von Seiten „acquis communautaire" (im offiziellen Juristen-Deutsch: der „Besitzstand der EU") für die

---

[44] http://blog.openeuropeberlin.de/2014/01/die-eu-braucht-reformen-aber-welche-und_24.html

EU als Ganze immer und überall nur gut und richtig waren und bleiben.

Tatsächlich leidet die EU (wie viele nationale Regierungen auch) an einer Tyrannei des Status Quo oder einer „Unfähigkeit zur Selbstkorrektur", wie Graf Kielmansegg trefflich ausführt.[45]

Hierfür seitens des EU-Parlaments Abhilfe zu erwarten, wäre wiederum ziemlich naiv. Nationale Parlamente haben weniger Eigeninteresse an Zentralisierung und Harmonisierung und sollten für Subsidiarität, auch ex-post, eine besondere Sensibilität haben – oder mithilfe der „roten Karte": entwickeln.

Freilich würde ich für eine ex-post „rote Karte" eine deutlich qualifizierte Mehrheit nationaler Parlamente verlangen. Ein großer Teil des „acquis" (vor allem die vier Grundfreiheiten des Binnenmarktes) ist in einem gesamt-europäischen Interesse, Bestandteil der Rechtsgemeinschaft der EU und Garant der Rechtssicherheit für EU-Bürger als Konsumenten, als Arbeitssuchende, als Unternehmer, als Investoren.

Womöglich ergäbe sich gerade jetzt unter rechts- und linkspopulistischen nationalen Parlamenten der EU eine relevante Minderheit oder sogar eine Mehrheit, die einem

---

45 http://www.openeuropeberlin.de/Content/Documents/Nachdenken_uber_Europa_Kielmansegg.pdf

offenen Europa mit offenen Märkten die „rote Karte" zeigen wollte.

Kurzum: ein Veto gegen laufende, noch nicht von nationalen Regierungen und Parlamenten (einschließlich des Europäischen) legitimierte EU-Gesetzgebungsvorhaben kann auch von einer starken Minderheit nationaler Parlamente gestoppt werden dürfen. Für bereits bestehende und einst legitimierte Teile des „aquis" sollten sich nationale Parlamente und Regierungen auch interessieren – nur muss dann die „rote Karte ex-post" an deutlich höhere Veto-Quoten gebunden sein.

***

WHY IRELAND WILL SUPPORT DAVID CAMERON'S EU-REFORM MORE THAN OTHER EU MEMBER STATES.

John O'Donnell | 11 Jan 2016

With over 7% growth in 2015, it looked like Ireland had finally turned the corner on the economic turmoil of the Eurocrisis. However, the current UK-EU negotiations and the coming Brexit referendum entail very real risks to Ireland's economy, role in the EU, and relationship with Northern Ireland. Far from being a neutral bystander, it is in Ireland's own self-interest to see the EU reformed with Britain remaining firmly in the club.

Ireland's economy is deeply intertwined with that of the UK. It is a major supplier of agricultural produce to the UK and is more dependent on Britain for natural gas than Ukraine is on Russia. For most supply chains, the islands are a single country. Ireland's Eurozone membership also puts it in the core of the EU.

A fissure between the UK and EU would see Ireland's growth fall back to earth. With bailouts to pay back from both Britain and Ireland's EU partners, growth is the essential element in righting her public finances. Ireland would also likely see a border return to divide the island with all the possible communal violence such a more might entail.[46] Ireland's economy may also centralise further on Dublin, with its Northern and Northwestern counties particularly affected.

While there is a great deal of danger to Ireland from a potential Brexit, there is also an opportunity as well. Ireland is an open economy, boasting strong exports. Moves by the UK to increase competition in the EU will help Ireland stay competitive in an increasingly gloomy world economy. Ireland has also been bullied frequently by the EU, forced to revote on referendums itself when it has "gotten the answer wrong."

David Cameron's call to make the EU more democratic and give parliaments a red card on EU actions may help take this sort of pressure off Ireland in the future – or at least force

---

[46] http://www.independent.ie/irish-news/politics/brexit-would-mean-return-of-border-in-the-north-warns-kenny-34342614.html

the other EU states to respect the decisions and votes of the Irish people.

The only way that Ireland can secure both its economy and future interests is to push for the fairest bargain that will make the EU competitive while keeping the UK inside the EU.

***

CAMERON'S PUSH MAY HELP EU BREAK OUT OF MIGRANT WELFARE BIND. Enrico Colombatto | 20 Jan 2016

Immigration is one of the many pressing issues that European policymakers failed to resolve in 2015. Not only were they unable to arrive at a common view; they could not even agree to a consistent road map. Prime Minister David Cameron's demands to limit welfare benefits and the threat of Brexit may be giving Brussels an unexpected chance to put things right.

Under normal circumstances, flexible labor markets would ensure that immigrants do not remain unemployed for long. Adjustment would be eased by efforts to enhance their education and technical skills, as well as to reduce the language barriers that prevent the newly arrived from feeling at home in their new environment.

Regrettably, the authorities in the European Union think otherwise. They ignore that highly regulated labor markets transform an opportunity – the acquisition of more human capital by the EU economies – into a problem. The obstacles that prevent foreigners from getting a job increase the chances that they end up on the dole, in the underground economy, or sometimes even engaging in crime.

Not surprisingly, political parties throughout the EU are trying to exploit the immigration issue to their own advantage. Although their ideologies vary, most parties share the common belief that immigrants constitute a burden for their host countries. British Prime Minister David Cameron took this view to its logical conclusion in November.[47] He demanded that all immigrants, regardless of whether they are EU or non-EU citizens, be given only limited access to the British welfare system until they have worked in the country for four years.

Before the EU's fruitless December summit in Brussels, Mr. Cameron is reported to have warned that unless he receives a quick, satisfactory answer from the other EU members, he would join the 'no' campaign before the United Kingdom's referendum on retaining its EU membership (the so-called Brexit vote) – thus increasing the probability that the UK would actually leave the EU.

---

[47] http://www.openeuropeberlin.de/david-camerons-brief-an-donald-tusk-eu-reform-wird-etwas-konkreter-von-michael-wohlgemuth/

Most observers are skeptical that the EU will give way to the British, who clearly oppose Brussels' efforts to give substance to the notion of EU citizenship and – more generally – to legitimize its preference for centralized policymaking. If the EU member countries agree to revise the treaties to please the British, the basic principle of a single labor market, shared regulations and common trade and agricultural policies could also be undermined.

Yet, one cannot entirely rule out compromise. The EU is still burdened by its own legitimacy crisis, for which poor leadership and lack of common vision are largely to blame. Brussels needs to show that it can offer constructive opportunities for cooperation, rather than fostering yet more friction and dissent between member countries. It also needs strong national leaders as credible partners.

Although Mr. Cameron's proposals have been put forward in a clumsy way – some commentators have used the term "blackmail" – they offer a chance to loosen the legal straitjacket of the EU treaties and rethink the bloc's priorities. After all, it would not be the first time that treaties have been circumvented. The difficulty here is that the UK is asking for a structural opt-out – not a temporary derogation – on non-discrimination, one of the EU's core principles. Still, there are possible workarounds.

For example, the EU might introduce a distinction between basic needs and secondary needs for citizens. In this context, EU member states might guarantee all individuals, regardless of nationality, sufficient support to meet the basic requirements of existence, while preserving their autonomy on deciding whether to fulfill secondary needs. While this distinction is unlikely to vanish anytime soon, the seeds have been sown.

***

DAS OPEN EUROPE PLANSPIEL ZU EU-REFORM UND BREXIT. Stephen Booth, Raoul Ruparel und Michael Wohlgemuth | 28 Jan 2016

Open Europe veranstaltete am Montag #EUWargames, ein fast 8 Stunden dauerndes Rollenspiel, das europaweit große mediale Aufmerksamkeit erzeugte (der komplette Videomitschnitt findet sich hier[48] die BBC Reportage hier[49]; Economist hier[50]; der Stern hier[51]; Wirtschaftswoche hier[52]).

Am Vormittag wurden die laufenden und wohl Mitte Februar auf dem EU-Gipfel zu beschließenden EU-Reformverhandlungen nachgestellt – also die Debatte um

---

[48] https://www.youtube.com/watch?v=uHEMDV_VGUU

[49] https://www.youtube.com/watch?v=L52HT9Jxa4s

[50] http://www.economist.com/news/britain/21689235-mock-up-suggests-it-may-be-hard-david-cameron-do-deal-brussels-renegotiating

[51] http://blogs.stern.de/lastcall/der-tag-als-grossbritannien-die-eu-verliess/

[52] http://www.wiwo.de/politik/europa/grossbritannien-und-der-eu-austritt-die-briten-ueben-den-brexit/12879104.html

die vier Hauptforderungen, die David Cameron erfüllt sehen möchte, ehe er sich beim anstehenden Referendum im Vereinigten Königreich für einen Verbleib in der EU aussprechen wird.[53]

Am Nachmittag wurde dann simuliert, wie die Verhandlungen nach einem Austritt („Brexit") ablaufen könnten. Die „Spieler", ehemalige Regierungschefs, Minister und Top-Beamte, übernahmen die Rolle ihrer nationalen Regierungen bzw. der EU-Institutionen und verhandelten offen vor einem Live-Publikum und nicht, wie im echten EU-Leben, hinter verschlossenen Türen.[54]

Sie spielten ihre Rolle so überzeugend und kompetent, dass man einen recht guten Eindruck davon bekommen kann, wie sich das Drama um den „Brexit" tatsächlich entwickeln könnte. Welche ersten Erkenntnisse können gezogen werden?

---

[53] http://www.openeuropeberlin.de/david-camerons-brief-an-donald-tusk-eu-reform-wird-etwas-konkreter-von-michael-wohlgemuth/

[54] http://openeurope.org.uk/event/eu-wargames-simulating-the-negotiations-that-will-determine-britains-place-in-europe/

Fast alle britischen Reformforderungen werden als problematisch angesehen

Michael Wohlgemuth hat retweetet

The Economist @TheEconomist · 26. Jan

Renegotiating Britain's EU membership could be trickier than expected econ.st/1VnXRsP

In den Medien wird meist nur Camerons Forderung einer Beschränkung des Zugangs von Migranten aus der EU zu britischen Sozialleistungen als wirklich kritisch angesehen (s.u.). Unsere Simulation unter Experten zeigt aber, dass auch die anderen Reformvorschläge durchaus schwierig und politisch sensibel sein könnten. In allen Bereichen bis zum 19. Februar eine Einigung herbeizuführen, dürfte sich als schwieriger erweisen als von vielen gedacht.

<u>Sicherheiten für Nicht-Euro Staaten</u>: Die verfahrensrechtliche Reform, die sicherstellen soll, dass Mitglieder der Eurozone nicht die Interessen der neun Nicht-Euromitglieder durch Mehrheitsentscheidungen

schädigen (mehr dazu hier[55]) erwies sich in der Debatte als technisch durchaus kompliziert und wurde von unseren Vertretern einiger Euro-Mitgliedstaaten und der EU-Kommission als entweder unnötig angesehen oder als Hemmnis wichtiger Integrationsschritte in der Zukunft. Sir Malcolm Rifkind (ehemaliger britischer Außenminister; er spielte für uns die Rolle von David Cameron) verwies zwar darauf, dass der jüngste Brückenkredit für Griechenland, für den auch Großbritannien geradestehen musste, sowie die Sticheleien der EZB gegen London als Clearing-Haus für Euro-Transaktionen die Sorgen der Briten durchaus als berechtigt erscheinen lassen. Die ehemalige französische Europaministerin Noëlle Lenoir versuchte dagegen zu beschwichtigen: "es war nie die Absicht der Eurozone, Großbritannien Zugang zum Binnenmarkt zu verwehren". Die ehemalige spanische Außenministerin Ana Palacio äußerte indes: „wir dürfen es nicht erlauben, dass Großbritannien die Integration aufhält".

Flexible Union: Meist wird die Frage, ob alle Mitgliedsstaaten der EU einer auf zunehmenden Souveränitätsverlust hinauslaufenden Interpretation der „immer engeren Union der Völker Europas" (Art. 1 EUV) unterliegen, als anachronistisch, abstrakt und rein symbolisch abgetan. Dabei sollte die emotionale Bindung

---

[55] http://www.openeuropeberlin.de/die-eurozone-und-der-rest-wie-kann-das-verhaeltnis-von-ins-und-outs-besser-geregelt-werden-von-michael-wohlgemuth/

einiger Regierungen an das Ideal immer weiterer Integration nicht unterschätzt werden. So sagte der ehemalige irische Taoiseach John Bruton: „kleine Länder wie Irland sehen die EU als Gemeinschaft und der gegenseitigen Solidarität ... die Verpflichtung einer immer engeren Union zu entfernen hieße die emotionale Bindung der EU zu entfernen".

Nationale Parlamente: Die Idee einer "roten Karte" für nationale Parlamente, die EU-Gesetzgebung blockieren könnten hielt Steffen Kampeter, ehemaliger Staatssekretär im Bundesfinanzministerium schlichtweg für "crazy" und bat die Briten darum, sie doch vom Verhandlungstisch zurückzunehmen.[56] Die Vorstellung, EU-Politik wenn schon nicht näher zum Bürger zu bringen, so doch Anreize und Gelegenheiten zu schaffen, dass sich nationale Parlamentarier, die näher an ihren Wählern sind, mit EU-Initiativen beschäftigen (und nicht nur im Nachhinein auf „Brüssel" schimpfen) ist scheinbar noch nicht allgemein durchgedrungen.

Wettbewerbsfähigkeit: Wie zu erwarten, waren die Forderungen Camerons nach mehr Wettbewerbsfähigkeit am wenigsten kontrovers. Gleichwohl kam es auch hier zu einer lebhaften Debatte darüber, warum es in der EU zu Überregulierung kommt – liegt es an der EU-Kommission,

---

[56] http://www.openeuropeberlin.de/rote-karte-wie-nationale-parlamente-mehr-einfluss-auf-die-eu-erhalten-koennen-von-michael-wohlgemuth/

oder sind es nicht vielmehr die Mitgliedsstaaten, die immer mehr Regulierungen haben wollen? Es wäre auch noch abzuwarten, ob etwa die Idee einer wenigstens annähernden „Vollendung" des Binnenmarktes für Dienstleistungen in der EU wirklich neue Verbündete finden könnte (hierzu hier[57])

Manche sind bereit zu fundamentalen Strukturreformen, andere nicht

Oft werden die EU-Reformverhandlungen als Kampf zwischen Großbritannien und dem Rest der EU beschrieben; schließlich sind die Briten hier ja die Bittsteller. Unsere Simulation hat freilich gezeigt, dass die anderen Mitgliedsstaaten sehr unterschiedliche Vorstellungen darüber haben, wohin sich die EU in den nächsten Jahren entwickeln soll. Enrico Letta, ehemaliger Premierminister Italiens, sah die Anliegen der Briten als Gelegenheit, eine EU der "zwei Kreise" (two circles) zu schaffen[58]: mit verschiedenen Rechten und Pflichten für Länder, die weitere Integration wünschen und mehr Flexibilität für Länder wie Großbritannien, die das nicht wünschen. Auch die Schweiz könnte vielleicht am Ende noch Interesse daran haben, dem „äußeren Kreis" anzugehören, während der „innere Kreis"

---

[57] http://www.openeuropeberlin.de/wachstum-schaffen-ohne-waffen-und-endlich-den-eu-binnenmarkt-fur-dienstleistungen-vollenden-von-michael-wohlgemuth/

[58] http://openeurope.org.uk/today/blog/italy-the-positive-surprise-of-camerons-eu-renegotiation/

sich an die Stärkung der Regeln der Eurozone macht. Die Vertreter von Deutschland, den Niederlanden und Frankreichs waren freilich aus verschiedenen Gründen skeptisch gegenüber einer radikalen Änderung des primärrechtlichen Status Quo. Bekanntlich herrschen hier auch deutlich unterschiedliche Vorstellungen über eine „Fiskalunion“ oder „politische Union“ vor.[59]

„Diskriminierung“ und „Migration“

Während des morgendlichen EU-Reformszenarios machten alle Teilnehmer klar, dass sie natürlich gerne dabei helfen wollen, Großbritannien in der EU zu halten. Vor allem beim Thema Migration und Zugang zu Sozialleistungen wurde jedoch auch deutlich, wie unterschiedlich Briten und ihre EU-Partner die Dinge sehen. Letztere sind strikt gegen alles, was als Diskriminierung von EU-Ausländern gegenüber britischen Staatsbürgern gesehen werden kann; manche am Verhandlungstisch zeigten sich sogar schockiert darüber, dass Briten die Freizügigkeit von EU-Bürgern überhaupt mit „Immigration“ in Verbindung bringen.

Sir Malcom war bemüht, die britische Haltung als politischen Pragmatismus zu verkaufen. Er verwies auch darauf, dass der Europäische Gerichtshof und die Praxis in anderen EU-Ländern durchaus eine gewisse

---

[59] http://www.openeuropeberlin.de/politische-union-konzepte-visionen-und-realitaeten-teil-2-wirtschaftsregierung-oder-wirtschaftsverfassung-von-michael-wohlgemuth/

Ungleichbehandlung von Staatsbürgern und anderen EU-Bürgern zulassen, wenn es um Sozialleistungen geht oder auch Dänemark eine Sonderregelung nutzt, um etwa zu verhindern, dass zu viele Deutsche dort Ferienhäuser kaufen können.[60] Sir Malcom unterstrich auch die Besonderheiten des steuerfinanzierten britischen Sozialsystems mit universalem Zugang sowie die starke Sensibilität der britischen Wähler beim Migrationsthema vor dem Referendum.

Open Europe @OpenEurope · 25. Jan

UK: We've accepted we cannot have a cap on number of EU migrants, hence in-work benefits 4 year lock. #EUwargames

UK sets out the UK's EU Welfare Reform demand

The UK sets out the UK's EU Welfare Reform demand as part of the EU Reform Agenda.

Im Spiel wie im echten Leben scheinen viele Politiker hinter der Meinung der EU-Kommission und dem Wortlaut der

---

[60] http://openeurope.org.uk/today/blog/is-a-danish-style-compromise-an-option-for-the-uk-and-eu-on-migrants-access-to-welfare/

EU-Verträge zu stehen, oder sich dahinter zu verstecken, um heiklen politischen Entscheidungen aus dem Weg zu gehen. Das wurde besonders bei der Auslegung der Arbeitnehmerfreizügigkeit deutlich. Sir Malcom konnte mit seinem Argument, dass man – politischen Willen vorausgesetzt – Regeln auch gemeinsam ändern könne und auch EU-Recht kein Naturrecht sei, dagegen wenig anrichten.

Deal done – Ende der Debatte?

Gegen Ende der Reformdebatte fragte der Vertreter Irlands: Können wir denn sicher sein, dass ihr [Briten] nicht in zehn Jahren wieder antanzt, um noch einmal mehr zu verlangen? John Bruton hoffte, dass die Sache nach dem Referendum dann auch einmal erledigt sei; man könne nicht dauernd mit dieser Unsicherheit leben. Dies ist durchaus nachvollziehbar, schließlich stellte ein Brexit für Irland die größten ökonomischen und politischen Risiken dar (s. dazu hier[61]). Freilich dürfte ein zu erwartendes enges Ergebnis des Referendums nicht dazu führen, dass das Thema EU-Reformen ein und für alle Male vom Tisch ist; hierein waren sich viele einig: die EU ändert sich schließlich auch laufend, und mit den von Cameron vorgeschlagenen Reformen ist es nicht für alle Zeiten getan.

---

[61] http://www.openeuropeberlin.de/ourcauses/only-one-way-to-win-irish-difficulties-in-the-face-of-brexit-by-john-odonnell/

Auch andere müssen auf ihre Wähler achten

In beiden Verhandlungsrunden wurde auch deutlich, unter welchen Zwängen die beteiligten Politiker agieren dürften. Am Ende müssen sowohl die Reformzusagen vor dem Referendum als auch gegebenenfalls die Vereinbarungen nach einem möglichen Brexit den eigenen Wählern als Erfolg verkauft werden, Und das gilt nicht nur für Großbritannien, sondern auch für die anderen Mitgliedsstaaten. Hieraus ergibt sich ein komplexes Spielfeld mit „roten Linien", die den Lösungsraum einschränken, aber auch den Spielraum für politischen Opportunismus erst schaffen. So argumentierte der Vertreter der deutschen Position etwa, es sei schwer deutschen Wählern nach einem Austritt der Briten zu erklären, weshalb Großbritannien noch immer Zugang zum Binnenmarkt für Finanzdienstleistungen behalten soll – schließlich wäre das eine „einmalige Chance" für den Standort Frankfurt, Londons Rolle als Finanzzentrum zu übernehmen (s.u.).

Das kann ziemlich emotional werden

In beiden Verhandlungsrunden kam es zu durchaus emotionalen Momenten. „Ihr ward unser bester Freund; und wir waren verheiratet. Nun haben wir die Scheidung" – so reagierte die ehemalige schwedische Handelsministerin Ewa Björling auf den Brexit und beklagte den Verlust eines liberalen Partners für Freihandel. Immer wieder wurde Brexit mit einer nicht gerade gütlichen Scheidung verglichen. Der

Vertreter der Niederlande, ehemaliger Sozialminister Aart Jan de Geus, warnte zudem, die Öffentlichkeit in seinem Land sollte zwar einen nüchtern-rationalen Umgang ihrer Politiker mit einem Brexit erwarten dürfen, doch sei dies keineswegs sicher. Am Ende könnten deutlich „suboptimale" Ergebnisse für alle Betroffenen herauskommen.

Die oft auch giftige Reaktion von manch einem Vertreter mag nicht nur der Wut und Enttäuschung eines von den Briten verschmähten Partners zuzuschreiben sein. Sie zeigt auch die Verwundbarkeit der EU post-Brexit. Die Vertreterin Spaniens ging so weit, zu sagen: „Ein Tsunami wäre eine Kleinigkeit verglichen mit den Folgen eines Brexit". Der deutsche Vertreter sagte: „Brexit betrifft nicht nur die Briten, sondern auch unser Land". Einige zeigten sich ehrlich verbittert, weil sie doch sehr viel Zeit und Energie investiert haben, um den Briten entgegenzukommen – nur dann vom britischen Wähler eine Abfuhr erteilt zu bekommen!

Weder Norwegische noch Schweizer Lösung, sondern "Kanada+"?

Als es darum ging, ein Modell für das Leben der Briten außerhalb der EU zu präsentieren, vermied der ehemalige britische Schatzkanzler Lord Norman Lamont (er übernahm nun die Rolle eines post-Brexit Regierungschefs) die bisher üblicherweise diskutierten Alternativen („Schweizer Modell" oder „Norwegisches Modell") und brachte dagegen zur Überraschung Vieler eine neue Idee ins Spiel. Er favorisierte ein weitreichendes Freihandelsabkommen mit CETA, dem Abkommen zwischen der EU und Kanada aus Grundmodell, da hier nahezu alle Zölle auf Güter und Agrarprodukte entfallen sollen. Angesichts der sehr viel engeren Verflechtungen zwischen Großbritannien und dem Rest der EU wäre freilich noch einiges mehr nötig. Daher schlug er eine Art „Kanada+"- Vereinbarung vor, die sich auch auf grenzüberschreitende Dienstleistungen, vor allem Finanzdienste, erstrecken würde. Im Gegenzug würde er etwa EU-Bürgern bevorzugten Zugang zum britischen Arbeitsmarkt gewähren und auch einen gewissen Beitrag zum EU-Budget leisten. Dies ist immerhin eine relativ konkrete Vorstellung davon, wie sich Großbritannien und die EU post-Brexit arrangieren könnten. Die Kampagnen der Brexit-Befürworter sind hier meist deutlich weniger klar und ehrlich.

Brexit als Vorbild? Das Abschreckungsszenario

Einen der aufschlussreichsten Momente der Brexit-Verhandlungen bot Leszek Balcerowicz, ehemaliger Vizepremierminister Polens (und Kuratoriumsmitglied von Open Europe Berlin[62]). „Das gemeinsame Interesse der verbleibenden Mitglieder ist es, weitere exits zu vermeiden" sagte er und fügte hinzu: „das wird sich auch darauf auswirken, was Großbritannien bekommt – sie dürften nicht zu großzügig sein". Lord Lamont entgegnete, dies sei eine

[62] http://www.openeuropeberlin.de/uber-uns/

seltsame Reaktion seitens einer Organisation, von der man annahm, sie sei auf gegenseitig vorteilhafte Kooperation aus. Aber es kann nicht ausgeschlossen werden, dass bei vielen, nicht zuletzt auch seitens der EU-Kommission, das Motiv der Abschreckung potenzieller „Nachahmungstäter" eine Rolle spielen könnte.

Brexit und die Liste der EU-Krisen

Während einige Spieler vielleicht auch gerade aus dem oben genannten polit-strategischen Grund vorgaben, ein post-Brexit deal würde nicht unbedingt nach ganz oben auf die EU-Agenda gelangen, sagte der ehemalige EU-Kommissar für Handel Karel de Gucht, ein neues Handelsabkommen mit Großbritannien wäre eine „politische Top-Priorität" der EU – auch wenn die Sache alles andere als leicht und schnell zu verhandeln sei.

Der ehemalige italienische Premierminister Enrico Letta verwies derweil auf die geopolitischen Implikationen des ganzen abzusehenden jahrelangen Streits und sagte: „Wir tun so, als sei die Europäische Union der Mittelpunkt der Welt! Kommt es zum Brexit, riskieren wir viele Jahre Energie, Zeit- und Geld-verschwenderischer Diskussionen während sich die Welt weiter ohne uns dreht ... Wir müssen das Ganze im Auge behalten; der Rest der Welt wartet nicht auf uns!". Die Frage ist tatsächlich, ob sich die EU neben der noch lange nicht wirklich ausgestandenen Eurokrise und der akuten Flüchtlingskrise noch eine weitere existentielle Bedrohung leisten kann und will.

Irland ist am meisten besorgt – zurecht

Der ehemalige irische Taoiseach John Burton machte leidenschaftlich klar, dass für Irland der Brexit eine "verheerende Entscheidung" wäre, ja ein "unfreundlicher Akt ... ein gewaltiger, willentlich herbeigeführter Schock für unsere Wirtschaft". Seine Sorge ist begründet, wie unsere Studien (hier und hier) zeigen: durch den Brexit könnte Irlands Wirtschaftskraft um bis zu 3,1 Prozent sinken. Und das ist nicht alles: durch die irische Insel müsste wieder eine Zollgrenze gezogen werden; die Freizügigkeit mit Großbritannien wäre gefährdet; der Friedensprozess möglicherweise auch. Folglich war der ehemalige irische Premier sehr daran interessiert, dass möglichst rasch die irisch-britischen Beziehungen wieder auf rechtliche Grundlagen gestellt werden können.

Außen- und Sicherheitspolitik nach dem Brexit

Auch nach einem möglichen Brexit zeigten sich die Verhandlungsteilnehmer sehr darin einig, dass in der Außen- und Sicherheitspolitik die Zusammenarbeit mit Großbritannien keinen Schaden nehmen darf – und dürfte. Hier hätten die Briten möglicherweise ein Faustpfand parat, da ihre internationale Bedeutung in diesen Bereichen allgemein anerkannt ist. Gleichzeitig betont die britische Regierung seit Monaten, dass die Mitgliedschaft in der EU auch für Großbritannien gerade aus sicherheitspolitischen Gründen (Terrorbekämpfung) vorteilhaft ist. Hier treffen sich die Interessen aller Beteiligten an einer eher noch verstärkten Zusammenarbeit, was die Hoffnung nährt, dass selbst nach einem Brexit keine dramatischen Änderungen zu erwarten sind.

Könnten Frankfurt, Paris, Dublin, Amsterdam die Londoner City beerben?

Deutlich von Rivalität gekennzeichnet war dagegen die Debatte um die Zukunft der Londer „City" und das künftige Finanzzentrum der EU. Gleich vier Städte – Frankfurt, Paris, Dublin und Amsterdam wurden bei unserer Simulation von interessierter Seite ins Spiel gebracht, London post-Brexit zu beerben. Entsprechend gering war die Neigung, den Briten nach dem Austritt aus der EU noch freien Zutritt zum Binnenmarkt für Finanzdienstleistungen zu gewähren. Freilich hieße das auch noch nicht das Ende der „City". Im Ranking des Global Financial Centres Index rangieren derzeit Frankfurt, Amsterdam, Paris und Dublin auf den Plätzen 14, 36, 37 und 46, während London die Nummer 1 ist.[63] Die Mitgliedschaft in der EU ist für einen erfolgreichen Finanzplatz wohl nicht der ausschlaggebende Faktor. Vielmehr dürften es die Clustereigenschaften und Netzwerkeffekte sein, die dazu führen, dass eine Basis an fähigen Fachkräften, komplementären Dienstleistungen und institutioneller Infrastruktur entstanden ist, die auch nach einem Brexit nicht in sich zusammenfallen dürfte. Lord Lamont meinte deshalb auch eher entspannt, letztlich seien

---

[63] http://www.longfinance.net/images/GFCI18_23Sep2015.pdf

es nicht Politiker und Beamte, sondern Marktkräfte, die darüber entscheiden wo die Geschäfte gemacht werden.

Schlussgedanken

Wie der Vertreter der Niederlande gegen Ende der recht hitzigen und verfahrenen Brexit-Debatte feststellte, könnte es ratsam sein, schon die laufende Diskussion um EU-Reformen im Lichte der gerade erlebten und möglicherweise sehr ähnlich verlaufenden post-Brexit Diskussion zu führen. Dies sollte das gemeinsame Interesse an einer Lösung fördern. So sehen wir das auch. Jedenfalls wurde uns klar, wie wichtig es ist, sich nüchtern und klar die vielen möglichen Fallstricke zu gewärtigen und auf viele Eventualitäten vorzubereiten.

Alle hier zitierten Teilnehmer des Rollenspiels sprachen nicht im Auftrag ihrer Regierungen bzw. Institutionen der EU, wurden aber gebeten, diese möglichst repräsentativ wiederzugeben.

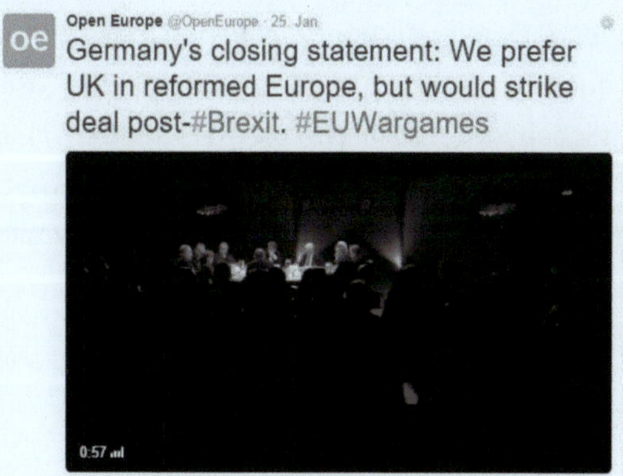

BRINGT DER TUSK-VORSCHLAG EINE BREITE EU-REFORM? Hubertus Porschen | 3 Feb 2016

Die Reform-Debatte in der Europäischen Union darf nicht nur auf die Vermeidung eines Brexit abzielen. Die Mitgliedsstaaten müssen jetzt die Chance für eine breite EU-Reform ergreifen. Eins ist dabei unabdingbar: Mehr Flexibilität für die 28 sehr unterschiedlichen Mitglieder.

In die Reformdebatte der Europäischen Union ist Bewegung gekommen: Dienstag hat EU-Ratspräsident Donald Tusk den Mitgliedsstaaten seine Vorschläge zu den britischen Reformforderungen vorgelegt. Darin finden sich gute Ansätze, die müssen aber über britische Interessen hinausreichen und zu einer breiten Reform der Europäischen Union führen. Ein positives Signal setzt Tusks Klarstellung, dass es keinen bedingungslosen Automatismus hin zu einer immer engeren Europäischen Union gibt. Allerdings sind seine Verweise auf bestehende Mechanismen und EU-Prinzipien, wie die Subsidiarität, nur unzureichend. Damit verkennt das Papier, dass der aktuelle Status quo eben nicht mehr ausreicht, um den wirtschaftlichen und politischen Unterschieden in Europa gerecht zu werden. Hier muss die Europäische Union den Mut aufbringen, ihren Mitgliedern mehr Flexibilität zu ermöglichen.

Ein Europa der Clubs

Wir brauchen ein Europa verschiedener Integrations-Clubs – vom Euro- bis zum Schengen-Club. Diese Idee sollte auf dem EU-Gipfel am 18. und 19. Februar aufgenommen werden. Die wirtschaftlichen, politischen und gesellschaftlichen Unterschiede in der EU dürfen nicht als lästige Erscheinung abgetan werden. Die Antwort auf die Verschiedenheit der 28 Mitgliedsstaaten kann nur eine flexible Europäische Union sein. Je nach Thema muss es unterschiedliche Club-Mitglieder geben können. Auch weitere Punkte des vorliegenden Vorschlags müssen beim EU-Gipfel auf breiter Basis angepackt werden: So muss der Zugang zu den sozialen Sicherungssystemen der Mitgliedsstaaten eindeutig definiert und letztlich begrenzt werden. Dies ist ohne weiteres mit der Arbeitnehmer-freizügigkeit zu vereinbaren.

Schuldenvergemeinschaftung hilft Euro-Zone nicht

Sehr kritisch sehe ich Tusks Plädoyer, die Integration des Euro-Raumes kräftig voranzutreiben. Die Budgetverantwortung und Haftung der Mitgliedsstaaten aufzulösen, hilft der Euro-Zone nicht. Hier droht eine weitere Schulden-Vergemeinschaftung durch die Hintertür. Das ist für die junge Generation keinesfalls akzeptabel.

Brexit abwenden und Europa fit für die Zukunft machen

Aus Sicht vieler junger Europäer hat David Cameron einen wichtigen und lange überfälligen Reformprozess angestoßen. Das macht ihn für uns zum Hoffnungsträger. Allerdings darf die Reform-Debatte in der Europäischen Union nicht nur darauf abzielen, einen Austritt Großbritanniens aus der EU durch weitreichende Zugeständnisse und britische Sonderregelungen abzuwenden. Es ist offenkundig: Ein Brexit wäre ein gravierender volkswirtschaftlicher und politischer Rückschlag – schlimmer als die Euro-Staatsschuldenkrise. Doch die EU-Regierungschefs und die EU-Kommission dürfen nicht nur auf den drohenden Brexit starren. Sie sollten die von Cameron angestoßene Diskussion als große Chance sehen: Sie können den Prozess jetzt nutzen, um die EU als Ganzes fit für die Zukunft zu machen. Das sind sie Europas junger Generation schuldig!

Dr. Hubertus Porschen ist Bundesvorsitzender des Wirtschaftsverbands DIE JUNGEN UNTERNEHMER.

***

DONALD TUSK REVOLUTIONIERT EUROPA. Alan Posener | 3 Feb 2016

Das denkfaule deutsche Kommentariat hat, so weit ich es überblicke, nicht begriffen, was Donald Tusk mit David Cameron ausgehandelt hat: nämlich den Umbau der Europäischen Union gemäß britischen – und osteuropäischen – Wünschen. Das Ziel der „immer engeren Union" wird aufgegeben und damit alle Vorstellungen eines „Europas der zwei Geschwindigkeiten". Die nationalen

Parlamente erhalten – so sie es wollen – das letzte Wort über die EU-Gesetzgebung. Die freie Bewegung von EU-Bürgern in die Sozialsysteme anderer Länder wird aufgehoben. Der gemeinsame Markt soll besser funktionieren. Großbritanniens Platz als Bankzentrum auch der Eurozone wird gesichert. Vor allem aber: Am ganzen Verfahren wurde und wird das Europäische Parlament nicht beteiligt. Der Föderalismus ist tot. Gut so.

David Cameron hat immer gesagt, dass er, anders als Maggie Thatcher, keine britischen Sonderwünsche aushandeln will. Er will, soll Großbritannien in der EU bleiben, eine Reform der gesamten Union. Sollten die mit Ratspräsident Donald Tusk ausgehandelten Maßnahmen von den 28 Mitgliedsländern gebilligt werden, hätten wir es mit einer anderen, besseren Europäischen Union zu tun.[64]

Da nicht anzunehmen ist, dass dieses Papier ohne Rücksprache mit Berlin und Paris verfasst wurde, und da es osteuropäischen Wünschen entgegenkommt, und da selbst Politiker, die den Vorschlägen skeptisch gegenüberstehen, mit Hinweis auf die Notwendigkeit, einen Brexit zu verhindern, zustimmen können, muss man davon ausgehen, dass diese Vertreter zweier Länder am Rand des Kontinents tatsächlich das Gesicht der EU verändern werden; vergessen wir also den deutsch-französischen „Motor"; der

---

[64] http://openeurope.org.uk/today/blog/open-europe-responds-to-proposed-eu-reform-package/

funktionierte, so lange die EU eine Art Neufassung des karolingischen Reichs war, also bis zur Osterweiterung. Jetzt werden die neuen Kräfteverhältnisse in der EU sichtbar.

Beginnen wir mit dem Wichtigsten: der „Finalität" der Union, wie es Joschka Fischer in seiner berühmten Rede an der Humboldt-Universität formulierte und wie sie – leicht modifiziert – auch von Angela Merkel noch vor einigen Jahren propagiert wurde.[65] Sie sieht nun ganz anders aus, als sie sich Fischer und Merkel vorgestellt haben. Das Tusk-Papier sagt explizit, dass „immer engere Union" eben nicht die – von Fischer und Merkel vorgestellte – politische Union des Kontinents meint. Ja, es sagt explizit, dass es überhaupt kein gemeinsames Ziel gebe, und dass verschiedene Länder beim Verfolgen der weiteren Integration, so fern sie sie wollen, verschiedene Wege einschlagen können. (Mehr dazu weiter unten.) Damit ist die unselige Formulierung Wolfgang Schäubles vom „Europa der zwei (oder mehrerer) Geschwindigkeiten" vom Tisch, die ja unterstellt, es gebe ein Ziel, die politische Union, auf das sich alle, nur eben mal schneller, mal langsamer, zubewegen (müssen). Mit der Aufgabe dieser Vorstellungen – einer Revolution, deren Auswirkungen unabsehbar sind und bis hin zur Abschaffung des Euro und des Europäischen Parlaments reichen könnten – akzeptiert die EU, dass sie keine Vorform der den USA

[65] http://starke-meinungen.de/blog/2012/07/09/angela-merkels-vision-fur-europa-und-warum-sie-nicht-funktionieren-wird/

vergleichbaren „Vereinigten Staaten von Europa" ist, sondern eher dem näher kommt, was ich vor einem Jahrzehnt ein „Imperium" genannt habe, was man aber auch ein „Commonwealth", einen Staatenbund oder – mit dem guten alten Wort der Zeit vor Maastricht – eine Gemeinschaft nennen könnte.

Aus dem Verzicht auf eine „Finalität", in deren Logik die Entmachtung der nationalen Parlamente lag, zugunsten einer ergebnisoffenen Evolution, folgt die Wiederermächtigung dieser Parlamente. Parlamente, die zusammen 55% des europäischen Wahlvolks vertreten, können dem Tusk-Vorschlag zufolge dem Rat die „Rote Karte" zeigen. Damit ist eines der größten demokratischen Defizite der EU tendenziell aufgehoben. Ein großer Sieg für die Demokratie, auch wenn Anhänger des Föderalismus den Beschluss als Sieg des Nationalismus und der Kleinstaaterei hinzustellen versuchen werden.

Das Europäische Parlament wird durch diesen Beschluss in seiner Funktion als Kontrolleur der Kommission nicht entmachtet; aber dessen Abgeordnete dürften jetzt viel öfter auch als sachkundige „Whistleblower" funktionieren, die die nationalen Parlamente zum Handeln auffordern, wenn fragwürdige Vorhaben der Kommission im Rat zu passieren drohen. Explizit heißt es ja in der Passage über die „immer engere Union", sie bedeute nicht die Übertragung immer mehr Funktionen und Rechte auf die Unionsorgane in Brüssel. Mit der „Roten Karte" für die nationalen

Parlamente ist – da kein einzelnes Parlament den Rat blockieren kann, sondern Verbündete in anderen Parlamenten suchen muss – ein Weg der europäischen parlamentarischen Kooperation jenseits gemeinsamer Ausflüge und Erklärungen vorgezeichnet, der dafür sorgen könnte, Europa den Bürgern näher zu bringen. Gut.

Dass Tusk jeder Nation die Ausgestaltung des Zugangs zu den Sozialsystemen überlassen will (die Einzelheiten sind kompliziert und dürften noch modifiziert werden), ist ein Durchbruch, den ich vorhergesehen habe, weil ihn ja auch die deutschen Sozialdemokraten inzwischen fordern;[66] von Seiten der CDU/CSU finden die britischen Forderungen seit jeher Unterstützung, und auch die Franzosen dürften hiergegen keine Einwände erheben. Mag sein, dass die südosteuropäischen Länder, deren Bürger hauptsächlich von dieser Einschränkung der Niederlassungsfreiheit betroffen sind, dagegen protestieren, aber deren Stimmen sind, um es unverblümt auszudrücken, käuflich. Ein paar Milliarden für Projekte in diesen Ländern, die angeblich oder wirklich der Arbeitsbeschaffung dienen, dürften reichen, um deren Bedenken zu zerstreuen. Deren politische Klassen wissen ja längst, dass sie nicht auf Dauer ihre Probleme in Gestalt von Bettlern und Arbeitslosen exportieren können, ohne das Gefüge der EU zu erschüttern. Infolge dieser Reform, die dafür sorgen wird, dass sich Arbeitsmigranten

---

[66] http://www.welt.de/debatte/kommentare/article151053297/Von-den-Briten-lernen-heisst-in-der-EU-siegen-lernen.html

weiterhin innerhalb der EU frei bewegen können, Sozialtouristen aber nicht, dürfte die Akzeptanz der EU nicht nur in Großbritannien steigen, sondern auch in Frankreich, den Benelux- und skandinavischen Ländern, wo sie zuletzt kaum populärer war als bei den Briten.

Wir wachen also am Tag danach auf, reiben uns die Augen und sehen ein neues Europa vor uns. Und das Irrste ist: Niemand hat es gemerkt. Sage keiner, die Flüchtlingskrise habe nicht ihr Gutes.

Alan Posener ist Korrespondent für Politik und Gesellschaft bei der "Welt"-Gruppe. Posener hat zahlreiche Bücher geschrieben, zuletzt '"Imperium der Zukunft. Warum Europa Weltmacht werden muss" (Pantheon 2007). Dieser Beitrag erschien auf dem Blog Starke Meinungen.[67] Wir danken für die Erlaubnis, ihn bei auch uns publizieren zu dürfen.

***

CAMERONS REFORMVORSCHLÄGE ALS RETTUNGSANKER FÜR DIE EU? Gérard Bökenkamp | 5 Feb 2016

In Großbritannien gibt es eine Debatte darüber, ob die von David Cameron vorgeschlagenen Reformen der EU nun den Erwartungen gerecht wurden, oder nicht.[68] Was aus der

---

[67] http://starke-meinungen.de/blog/2016/02/03/donald-tusk-revolutioniert-europa/

[68] http://www.openeuropeberlin.de/eu-referendum-the-draft-proposal-is-on-the-table-by-edward-aldred/

Perspektive der britischen Euroskeptiker vielleicht unspektakulär oder allenfalls als ein moderater Erfolg erscheinen mag, nimmt sich aus der deutschen Perspektive als ein deutlicher Bruch mit dem bisherigen Narrativ aus. Die Akzeptanz dieser Reformvorschläge für die gesamte Union wäre der erste Schritt für einen Paradigmenwechsel.

Pragmatismus hat die Fixierung auf den Bundesstaat ersetzt

In Deutschland war das Ziel des europäischen Bundesstaates oder wenigstens der Grundsatz, dass „mehr" Europa auch immer ein besseres Europa bedeutet, fester Bestandteil des politischen Konsenses der Bundesrepublik. Die Vorschläge aus Großbritannien gehen in die Richtung einer „Flexiblen Union" und sind eine klare Abkehr vom europäischen Bundesstaatsmodell, das im Vereinigten Königreich ohnehin nie akzeptiert war.[69] Dass Donald Tusk mit Sicherheit in Absprache mit der Regierung in Berlin Cameron weitgehendes Entgegenkommen für sein Reformvorhaben signalisiert hat, zeigt, dass angesichts der Krise der EU ein gewisser Pragmatismus eingezogen ist.

Fischers Angst vor einem „europäischen Suizid"

Der Enthusiasmus für die „Vereinigten Staaten von Europa" ist einem größeren Realismus und Pragmatismus gewichen.

---

[69] http://www.openeuropeberlin.de/ourcauses/strategies-of-flexible-integration-and-enlargement-of-the-european-union-a-club-theoretical-and-constitutional-economics-perspective/

Selbst bei einstigen Europaenthusiasten wie dem früheren deutschen Außenminister Joschka Fischer herrscht jetzt ein ganze anderer Tenor vor: Nach Ansicht Fischers wäre der Brexit einer von drei Faktoren, die zu einem „europäischen Suizid" führen könnten[70]: „Wenn Angela Merkel an ihrer Flüchtlingspolitik scheitern würde, wenn zudem Großbritannien sich für den Brexit entschiede und dann Marine Le Pen im Jahr darauf bei den französischen Präsidentschaftswahlen gewönne, dann wäre der Sturz in den Abgrund wohl nicht mehr aufzuhalten. So muss es nicht kommen, gleichwohl ist diese rabenschwarze Option eines europäischen Suizids durchaus realistisch."

Durch den Euro ist die EU vom Lösungsmodell zum Problemfall geworden

Für den Verlust von Strahlkraft der europäischen Idee ist vor allem die Doppelkrise aus Euro- und Flüchtlingskrise verantwortlich. Viele andere Krisenphänomene hängen direkt damit zusammen. Die EU ist vom Lösungsmodell zum Problemfall geworden. Selbst nach über einem halben Jahrzehnt „Eurorettung" ist es der Eurozone nicht gelungen, auf einen Pfad nachhaltigen Wachstums, wachsender Beschäftigung und solider Staatsfinanzen einzuschwenken – dem Fiskalpakt und allen Reformauflagen zum Trotz.[71] Die

---

[70] http://www.sueddeutsche.de/politik/aussenansicht-die-unordnung-der-welt-1.2843338

[71] http://www.openeuropeberlin.de/was-wurde-eigentlich-aus-dem-fiskalpakt/

EU konnte nicht an das ökonomische Erfolgsmodell der Nachkriegszeit anknüpfen.

Die Flüchtlingskrise bedroht den europäischen Zusammenhalt

Gleichzeitig haben sich in der Flüchtlingskrise politische Defizite gezeigt, die den Schengen-Raum und den politischen Zusammenhalt in der EU gefährden. Der EU gelingt es bislang weder ihre Außengrenze zu sichern, noch sich auf ein wirksame gemeinsame Asylpolitik zu verständigen. Dass die EU-Staaten nun von der oft autoritär agierenden Regierung in Ankara gegen Geldleistung und politische Zugeständnisse Rettung erwarten, verstärkt den Eindruck politischer Hilflosigkeit eher als dass es dies widerlegt. Die Akteure in der EU agierten in der Flüchtlingskrise weder rational noch solidarisch.

Die Eurokrise hat das europäische Wirtschaftsmodell entzaubert

Beide Problemfelder, der Euro und die Einwanderung, sind wichtige Faktoren für einen möglichen Brexit. Helmut Kohl hegte noch die Hoffnung, Tony Blair werde Großbritannien doch noch in den Euro führen. Ein solcher Gedanke würde angesichts der Eurokrise heute als völlig abwegig erscheinen. Als Großbritannien der Europäischen Gemeinschaft beitrat, war ein wichtiges Argument dafür die höheren Wachstumsraten auf dem Kontinent. Heute ist Großbritannien nicht mehr der kranke Mann Europas, sondern steht wirtschaftlich besser da als die meisten anderen europäischen Länder.

Migration ist eine zentrale Frage in der Brexit-Debatte

Nach der Jahrtausendwende hat Großbritannien anders als Deutschland Freizügigkeit aus Osteuropa ohne Übergangsfristen und Beschränkungen zugelassen.[72] Damals kamen etwa eine Million Menschen in das vereinigte Königreich. Dies hat Vorteile gebracht, aber auch Probleme geschaffen. Heute ist die Beschränkung der Migration für viele Briten zu einer zentralen Frage geworden. Die Frage der Beschränkung des Zugangs zu den Sozialsystemen für EU-Ausländer spielt deshalb für die britische Seite eine wichtige Rolle. Die ungelöste Flüchtlingskrise in Europa stärkt die Kräfte in Großbritannien, die sich einen Austritt wünschen.

EU-Reformen können den Brexit verhindern

Eurokrise, Flüchtlingskrise und Brexit stellen im Jahr 2016 die Funktionsfähigkeit der EU insgesamt in Frage. In dieser Phase erscheinen die britischen Reformideen, die noch vor einigen Jahren als Abkehr vom bundesstaatlichen Modell empfunden worden wären, als Anker für den Fortbestand der europäischen Union. Zum einen gäben die Reformen David Cameron Argumente in die Hand, mit denen er vor dem Referendum für den Verbleib in der Europäischen

---

[72] http://www.openeuropeberlin.de/grossbritannien-einwanderungsland-mit-vorbehalten-von-gerard-boekenkamp/

Union werben kann. Sollte das Referendum für den Verbleib in der Europäischen Union ausgehen, wäre schon einmal eines der Ereignisse, die Fischer für den „Selbstmord" Europas hält, abgewendet.

Die Verabschiedung der Reformideen würde Handlungsfähigkeit demonstrieren

Die Reformen selbst wären zwar keine abschließende Lösung, aber doch der erste Schritt für die Anerkennung der Realitäten in Europa. Es wäre die grundsätzliche Anerkennung, dass flexible Lösungen dem Charakter Europas institutionell und politisch besser gerecht werden als eine Politische Union. Die Annahme von großen Teilen der Britischen Reformagenda durch die EU-Kommission, das europäische Parlament und die anderen Mitgliedstaaten wäre nicht die endgültige Lösung, aber der erste Schritt zu einem neuen Paradigma. Die Einigung und Verabschiedung dieser Reformideen wäre außerdem die Gelegenheit für die EU zu beweisen, dass sie überhaupt noch handlungs- und reformfähig ist.

David Cameron auflaufen zu lassen und den Weg für den Brexit zu ebnen, wäre, um bei der dramatisierenden Rhetorik von Joschka Fischer zu bleiben, in dieser Lage tatsächlich so etwas wie ein politischer Selbstmord der EU.

***

EUROPA NEU DENKEN MIT DONALD TUSK. Alan Posener | 9 Feb 2016

Letzte Woche behauptete ich an dieser Stelle, der von Ratspräsident Donald Tusk vorgelegte Entwurf eines Beschlusses der 28 EU-Regierungschefs bedeute die Abkehr vom Föderalismus und sei daher einer „Revolution" gleichzusetzen.[73] Hier möchte ich das noch einmal im Detail anhand des offiziellen deutschen Textes (EUCO 4/16 9 DE) nachweisen. Sie finden ihn hier[74]:

Die entscheidenden Fragen finden sich im Abschnitt C „Souveränität". Es muss betont werden, dass die hier gemachten Ausführungen für alle Mitglieder der EU gelten und keine Ausnahmebestimmungen im Hinblick auf Großbritannien sind. Und: „Der Inhalt dieser Ausführungen wird anlässlich der nächsten Überarbeitung der Verträge im Einklang mit den einschlägigen Vertragsbestimmungen und den jeweiligen verfassungsrechtlichen Vorschriften der Mitgliedstaaten in die Verträge aufgenommen werden." Das heißt, sie gelten dann als gültige Auslegung der bisherigen Verträge für alle. So heißt es unter Punkt (1.):

„Bezugnahmen in den Verträgen und deren Präambeln auf den Prozess der Schaffung einer immer engeren Union der Völker Europas dienen in erster Linie dazu, zu vermitteln,

---

[73] http://www.openeuropeberlin.de/donald-tusk-revolutioniert-europa-von-alan-posener/

[74] http://www.consilium.europa.eu/de/european-council/president/

dass das Ziel der Union darin besteht, Vertrauen und Verständnis zwischen Völkern zu fördern, die in offenen und demokratischen Gesellschaften mit einem gemeinsamen Erbe universeller Werte leben. Sie sind nicht mit dem Ziel der politischen Integration gleichzusetzen."

Diese Passage hat es in sich. Sie bedeutet die Rückabwicklung eines Prozesses, der mit Joschka Fischers Rede in der Humboldt-Universität begann und in den Versuch mündete, eine „Verfassung" für Europa zu schreiben, was – wohlgemerkt – nicht an Großbritannien, sondern an den Wählern in Frankreich und den Niederlanden scheiterte.[75] Die Verträge von Rom, Maastricht, Lissabon wurden von großen Teilen der politischen Klasse in Deutschland verstanden als Wegmarken hin zu einer politischen Union, daher die dumme und gönnerhafte Redewendung vom „Europa der zwei Geschwindigkeiten", als wären Großbritannien, Dänemark und Schweden, die nicht einmal an der Währungsunion beteiligt werden wollen, geschweige denn an einer politischen Union, etwa „langsamer" als Euro-Staaten wie Deutschland, Griechenland und Portugal.

---

[75] http://www.europa.clio-online.de/site/lang__de/ItemID__17/mid__11373/40208215/default.aspx

Angela Merkel hat sich explizit zur politischen Union bekannt[76]:

"My vision is one of political union because Europe needs to forge its own unique path. We need to become incrementally closer and closer, in all policy areas. Over a long process, we will transfer more powers to the [European] Commission, which will then handle what falls within the European remit like a government of Europe. That will require a strong parliament. A kind of second chamber, if you like, will be the council comprising the heads of [national] government. And finally, the supreme court will be the European court of justice. That could be what Europe's political union looks like in the future – some time in the future, as I say, and after a goodly number of interim stages".

Man beachte Merkels Idee, „der Kommission mehr Macht zu übertragen" und dafür das Europäische Parlament und den Rat als „zweite Kammer" des Parlaments zu stärken. Demgegenüber schreibt Tusk:

„Daher bieten die Bezugnahmen auf eine immer engere Union der Völker Europas keine Grundlage für eine Ausweitung des Geltungsbereichs von Bestimmungen der Verträge oder des Sekundärrechts der Union. Sie sollten auch nicht zugunsten einer weiten Auslegung der

[76] http://www.theguardian.com/world/2012/jan/25/angela-merkel-greece-financial-meltdown

Zuständigkeiten der Union oder der Befugnisse ihrer Organe gemäß den Verträgen herangezogen werden. Diese Bezugnahmen ändern nichts an der Abgrenzung der Zuständigkeiten der Union, für die der Grundsatz der begrenzten Einzelermächtigung gilt, oder an der Ausübung der Zuständigkeiten der Union, für die die Grundsätze der Subsidiarität und der Verhältnismäßigkeit gelten. Sie beinhalten keinerlei Verpflichtung, dass der Europäischen Union weitere Zuständigkeiten übertragen werden müssten oder dass die Europäische Union ihre bestehenden Zuständigkeiten ausüben muss, und sie schreiben auch nicht vor, dass der Union übertragene Zuständigkeiten nicht verringert und somit wieder an die Mitgliedstaaten zurückübertragen werden dürften."

Mit einem Wort: die Zukunft der Europäischen Union ist offen. Nichts, was bisher beschlossen wurde, präjudiziert diese Zukunft nach der einen oder anderen Seite hin. Tusk stellt fest: „Die Verträge enthalten bereits besondere Bestimmungen, die bestimmte Mitgliedstaaten dazu ermächtigen, sich nicht an der Anwendung einiger Bestimmungen des Unionsrechts zu beteiligen, oder sie davon freistellen. Die Bezugnahmen auf eine immer engere Union der Völker sind daher vereinbar mit verschiedenen Wegen der Integration für verschiedene Mitgliedstaaten und stellen keine Verpflichtung für alle Mitgliedstaaten dar, ein gemeinsames Ziel anzustreben." Verschiedene Wege der Integration statt verschiedene Geschwindigkeiten auf dem gleichen Weg hin zum gleichen Ziel: Das anzuerkennen, bedeutet zumindest in Deutschland eine mentale Revolution, die freilich, wenn man die Reaktionen auf das Tusk-Papier betrachtet, noch aussteht. Hätte sie vor Jahren stattgefunden, Griechenland wäre nie Mitglied der Eurozone geworden. Und Deutschland vielleicht auch nicht.

Schließlich: „Die Verträge lassen zu, dass Mitgliedstaaten sich zu einer vertieften Integration hin orientieren, wenn sie diese Vision einer gemeinsamen Zukunft teilen, ohne dass dies für die anderen Mitgliedstaaten gelten muss." Bitte sehr. Wenn Deutschland an der „Vision" Angela Merkels festhalten will, kann es ja versuchen, etwa mit Frankreich schon mal eine politische Union herbeizuführen. Viel Spaß dabei.

Was nun die Ausgestaltung der Vollmachten europäischer Organe betrifft, so heißt es unter Punkt (2.):

„Mit dem Subsidiaritätsprinzip soll sichergestellt werden, dass Entscheidungen so bürgernah wie möglich getroffen werden. Die Wahl der korrekten Handlungsebene hängt daher unter anderem davon ab, ob der betreffende Bereich transnationale Aspekte aufweist, die durch Maßnahmen der Mitgliedstaaten nicht ausreichend geregelt werden können, und ob Maßnahmen auf Unionsebene wegen ihres Umfangs oder ihrer Wirkungen im Vergleich zu Maßnahmen auf der Ebene der Mitgliedstaaten deutliche Vorteile mit sich bringen würden."

Das heißt, die bisherige denkfaule Lösung aller Probleme, nämlich „Mehr Europa!", wird ersetzt durch die Frage: „Was bringt es?" Zum Beispiel: Was bringt es, die Qualität von Produkten auf EU-Ebene zu regeln, die nicht ausgeführt werden? Oder aktueller: Was bringt es, Flüchtlingsquoten den einzelnen EU-Ländern aufzudrücken, wenn erstens sich die Flüchtlinge bei der erstbesten Gelegenheit dorthin aufmachen werden, wohin sie gelangen wollen, zweitens die innenpolitischen Auswirkungen (etwa, wenn eine Regierung versprochen hat, keine oder wenige Flüchtlinge zu nehmen und nun gezwungen wird, mehr zu nehmen) unabsehbaren Schaden – auch für Europa mit sich bringen können?

Um die Verantwortung der nationalen Parlamente für Europa zu stärken, heißt es unter (3.):

„Erreicht die Anzahl begründeter Stellungnahmen, wonach der Entwurf eines Gesetzgebungsakts der Union nicht mit dem Subsidiaritätsprinzip im Einklang steht und die innerhalb von zwölf Wochen ab der Übermittlung des betreffenden Entwurfs eingegangen sind, mehr als 55 % der den nationalen Parlamenten zugewiesenen Stimmen, so wird der Ratsvorsitz diesen Punkt auf die Tagesordnung des Rates setzen, damit eine umfassende Aussprache über diese Stellungnahmen und die daraus abzuleitenden Folgen geführt wird. Im Anschluss an diese Aussprache werden die Vertreter der Mitgliedstaaten, die in ihrer Eigenschaft als Mitglieder des Rates handeln, (...) den betreffenden Entwurf eines Gesetzgebungsakts nicht weiter prüfen, es sei denn der Entwurf wird dahin gehend geändert, dass den in den begründeten Stellungnahmen geäußerten Bedenken Rechnung getragen wird."

Man kann einwenden, dass die Hürden gegen Machtmissbrauch innerhalb des Rates bereits groß sind. Um einen Beschluss im Rat herbeizuführen, braucht es die Stimmen von 55 % aller Länder, d. h. bei den derzeit 28 Mitgliedstaaten 16 Länder, die außerdem mindestens 65 % der EU-Gesamtbevölkerung stellen. Um einen Beschluss zu verhindern, sind nur vier Länder erforderlich, die mindestens 35 % der EU-Gesamtwählerschaft stellen. Das heißt, im Rat können 35% der europäischen Wähler mittels ihrer Regierungsvertreter ein Gesetzesvorhaben zu Fall bringen, aber bei den nationalen Parlamenten müssen es 55% sein. Wie soll das gehen? Denn das würde bedeuten, dass neben den nationalen Parlamenten derjenigen Länder, die im Rat unterlegen sind, auch die nationalen Parlamente weiterer Länder das Gesetzesvorhaben ablehnen müssten, die zusammen mindestens 20% der EU-Wählerschaft ausmachen.

Nun, ohne ins Detail zu gehen, hat das Bundesverfassungsgericht wiederholt die Rechte des Bundestags gegenüber der Regierung in Sachen EU gestärkt – etwa im Urteil zum „europäischen Stabilitätsmechanismus" – und auch die Selbstentmachtung der Abgeordneten kritisiert, etwa im Urteil zum Vertrag von Lissabon. In Zeiten, da überall in Europa Koalitionsregierungen die Regel eher als die Ausnahme sind, dürfte es immer öfter möglich sein, eine parlamentarische Mehrheit gegen Beschlüsse zu mobilisieren, die Minister der Regierung als Mitglieder des Rats getroffen haben. Außerdem darf man nicht vergessen, mit welchen Methoden bis hin zu finanziellen Versprechungen und Drohungen hinter den Brüsseler Kulissen verhandelt wird. Bei der Aussprache im Parlament hingegen steht der Regierungsvertreter im Scheinwerferlicht der nationalen Öffentlichkeit und unter dem Druck der Wähler. Eine völlig andere Situation. Man denke etwa daran, wie in den letzten Tagen Sigmar Gabriel in den Koalitionsverhandlungen dem Verbot des Familiennachzugs bei minderjährigen Flüchtlingen zustimmt und unter dem Druck der Entrüstung in seiner Partei plötzlich behauptet, dem nie zugestimmt zu haben. Gut, wenn so etwas künftig auch in Bezug auf die Ratsverhandlungen möglich wird.

Ein wenig merkwürdig bleibt Punkt (5.). dort heißt es: „In Artikel 4 Absatz 2 des Vertrags über die Europäische Union wird bestätigt, dass die nationale Sicherheit weiterhin in die alleinige Verantwortung der einzelnen Mitgliedstaaten fällt. Dies stellt keine Abweichung vom Unionsrecht dar und sollte daher nicht restriktiv ausgelegt werden. Die Organe der Union achten bei der Ausübung ihrer Befugnisse uneingeschränkt die Verantwortung der Mitgliedstaaten für die nationale Sicherheit." In der Tat: Die nationale Sicherheit – genauer: die Verteidigung – bleibt Kern der nationalen Souveränität. Da das bisher schon Bestandteil der Verträge ist (und das Bundesverfassungsgericht hat das in seinem Maastricht-Urteil unterstrichen), fragt man sich, weshalb es in diesem Zusammenhang extra betont werden muss.

Denn wenn es einen Bereich gibt, der „transnationale Aspekte aufweist, die durch Maßnahmen der Mitgliedstaaten nicht ausreichend geregelt werden können" und wo „Maßnahmen auf Unionsebene wegen ihres Umfangs oder ihrer Wirkungen im Vergleich zu Maßnahmen auf der Ebene der Mitgliedstaaten deutliche Vorteile mit sich bringen würden", dann ist es neben der Handelspolitik, wo die EU seit Jahren schon mit einer Stimme spricht, der Bereich der Außen- und Sicherheitspolitik. Die Aggression Russlands in der Ukraine und die eingefrorenen Konflikte in Georgien und Moldawien, beides potenzielle Mitglieder oder assoziierte Mitglieder der EU, belegt das zur Genüge.

Immerhin hat die EU eine „Außenministerin", auch wenn man an den Qualitäten von Federica Mogherina zweifeln kann. Wie es scheint, möchte Donald Tusk die militärische Seite der europäischen Außenbeziehungen weiterhin dort belassen sehen, wo sie zurzeit angesiedelt ist, nämlich bei der Nato, einem reinen Staatenbündnis also, und nicht beim Staatenbund EU. Das kann man einerseits nachvollziehen. Andererseits gibt es in vielen Bereichen, von der Beschaffung und Produktion von Waffensystemen über deren gemeinsame Nutzung (wie es Großbritannien und Frankreich künftig bei den teuren Flugzeugträgern halten wollen) und den möglichen gemeinsamen Unterhalt von

Militärstützpunkten (man denke etwa an die britische Rückkehr „östlich von Suez" mit dem Bau eines permanenten Flottenstützpunkts in Bahrain[77]) bis hin zu Effektivitätsgewinnen durch die Zusammenlegung von Streitkräften (wodurch der anachronistischen und teuren Existenz von 28 Generalstäben mit entsprechenden Bürokratien in der EU ein Ende gesetzt werden könnte).

Nun, das Tusk-Papier schließt solche Zusammenarbeit ja nicht aus. Sie sollte, trotz Punkt (5.) und im Geist von Punkt (1.) intensiviert werden. So steht es übrigens auch im neuesten Weißbuch des britischen Verteidigungsministeriums, das dabei ausdrücklich und zum ersten Mal neben dem alten Verbündeten Frankreich auch Deutschland als Partner nennt. Es gibt im neuen Europa viel zu tun. Packen wir es an.

***

DIE VERHANDLUNGEN MIT GROSSBRITANNIEN: WORUM ES AUF DEM EU-GIPFEL WIRKLICH GEHT.

Michael Wohlgemuth | 19 Feb 2016

Während ich schreibe, laufen die Verhandlungen der Staats- und Regierungschefs der EU. Ob bei einem „late English breakfast" ein Durchbruch erzielt wird, ist noch fraglich. Litauens Staatspräsidentin Dalia Grybauskaite

[77] http://www.independent.co.uk/news/uk/home-news/royal-navy-base-construction-begins-in-bahrain-as-britain-seeks-a-return-to-east-of-suez-a6716856.html

prognostizierte vor dem Gipfel: „Jeder wird sein eigenes Drama haben und dann werden wir zustimmen." So dürfte es wohl kommen. Was aber nicht heißt, dass David Cameron etwas bekommen kann und soll, was ihm beim zweiten Akt des Dramas – der Kampagne für den Verbleib in einer „reformierten EU" helfen könnte. Auffällig ist, dass Bundeskanzlerin Merkel sagte, sie werde (nahezu) „alles tun", um Großbritannien in der EU zu halten, dies sei auch im deutschen „nationalen Interesse".[78] Die schwedische Regierung hat sich sehr ähnlich geäußert.[79] Noch deutlicher äußert sich die Regierung Irlands als "unashamedly supportive"[80] gegenüber David Camerons Reformplänen (hierzu auch weitere Erklärungen hier[81]).

Weit weniger entgegenkommend zeigten sich andere Länder. Frankreichs Präsident Hollande stellt sich quer, wer er fürchtet, dass die Nicht-Euro-Staaten die Verwandlung zumindest der Eurozone in eine Transferunion verhindern könnten. Gewichtige Stimmen in Frankreich wünschen sich sogar mehr oder minder unverhohlen einen Brexit, weil sie

---

[78] http://www.theguardian.com/politics/2016/feb/17/merkel-eu-uk-germany-national-interest-cameron-justified?CMP=share_btn_tw

[79] http://www.government.se/opinion-pieces/2016/02/sweden-wants-the-uk-to-remain-in-the-eu/

[80] http://www.independent.ie/irish-news/election-2016/kenny-moves-to-ease-irish-firms-concerns-over-possible-brexit-34467168.html

[81] http://www.openeuropeberlin.de/ourcauses/only-one-way-to-win-irish-difficulties-in-the-face-of-brexit-by-john-odonnell/

dann bessere Chancen für ein integriertes Kerneuropa sehen, in dem Frankreich mit Deutschland wieder eine Führungsrolle erlangen soll.[82]

Offiziell sagt jede Regierung, sie wünsche, dass Großbritannien in der EU bleibt. Dass die Regierungen aber ein unterschiedlich starkes Eigeninteresse an dem Verbleib der Briten haben, lässt sich aus einer Kombination aus Art.16 Abs.4 EUV und der EU-Bevölkerungsstatistik schließen.[83][84]

Die entscheidende Grafik, die Vieles auf dem EU-Gipfel (und danach) erklärt, ist diese:

---

[82] http://www.openeuropeberlin.de/die-verhandlungen-mit-grossbritannien-worum-es-auf-dem-eu-gipfel-wirklich-geht-von-michael-wohlgemuth/Voraussetzung%20f%C3%BCr%20ein%20integriertes%20Kerneuropa,%20in%20dem%20Deutschland%20und%20Frankreich%20ihre%20F%C3%BChrungsrolle%20wiedererlangen.

[83] https://dejure.org/gesetze/EU/16.html

[84] http://ec.europa.eu/eurostat/tgm/table.do?tab=table&init=1&language=de&pcode=tps00001&plugin=1

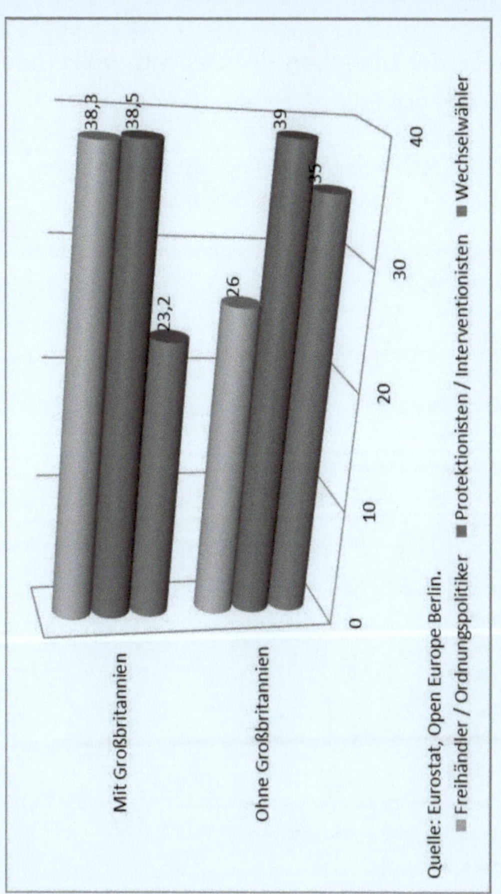

Für die Annahme von Beschlüssen im Rat ist in der Regel eine qualifizierte Mehrheit erforderlich, das heißt: 55 % aller Länder, somit bei den derzeit 28 Mitgliedstaaten 16 Länder, die außerdem mindestens 65 % der EU-Gesamtbevölkerung stellen. Um einen Beschluss zu verhindern, sind mindestens vier Länder erforderlich, die mindestens 35 % der EU-Gesamtbevölkerung stellen.

Die Anteile der Länder an der Gesamtbevölkerung der EU verteilen sich wie folgt:

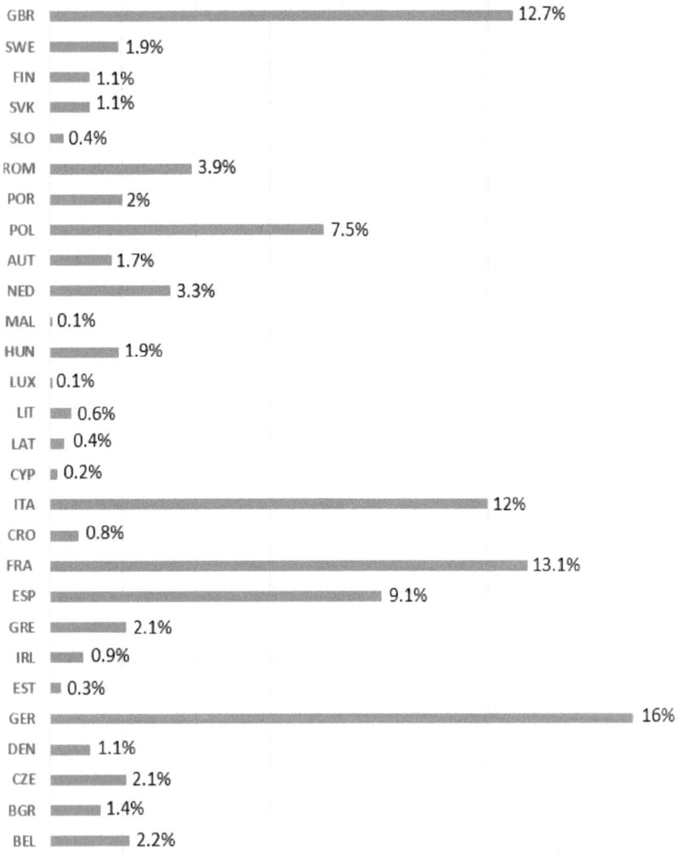

Quelle: Statista

Nun kommt der qualitative Teil: eine grobe Einteilung der Länder in solche, die typischerweise (auch recht unabhängig von der aktuellen Regierungsbildung) für bestimmte alternative Konzepte der (Wirtschafts-) Politik in der EU stehen. Das sind keine fest gegebenen Blöcke; aber bestimmte Politikstile lassen sich bei bestimmten Ländern durchaus erfahrungsgemäß feststellen:

- Länder, die tendenziell und traditionell eher für Freihandel, offene Märkte, ordnungspolitische Rahmenbedingungen für privatwirtschaftliche Wettbewerbsfähigkeit, Deregulierung, Subsidiarität und fiskalische Eigenverantwortung eintreten.
- Länder, die tendenziell und traditionell eher für Protektionismus, staatliche Lenkung der Konjunktur, interventionistische Industriepolitik („picking the winners, protecting the losers"), EU-weite Sozialstandards und Transfers, Vergemeinschaftung der Schulden und „Flexibilität" bei Staatsdefiziten eintreten.

Meine grobe Einteilung wäre diese:

„Freihändler / Ordnungspolitiker“		
	Mit UK (EU 28 = 100)	Ohne UK (EU27 = 100)
Deutschland	16,0	16,2
Großbritannien	12,7	0,0
Niederlande	3,3	3,34
Schweden	1,9	1,92
Dänemark	1,1	1,11
Irland	0,9	0,91
Litauen	0,6	0,61
Lettland	0,4	0,4
Estland	0,3	0,3
Gesamt	**38,3**	**26,13**

„Protektionisten / Interventionisten“		
	Mit UK (EU 28 = 100)	Ohne UK (EU27 = 100)
Frankreich	13,1	13,26
Italien	12,0	12,15
Spanien	9,1	9,22
Griechenland	2,1	2,13
Portugal	2,0	2,03
Zypern	0,2	0,2
Gesamt	**38,5**	**39,00**

Wie gesagt, die Einteilung ist ein wenig willkürlich, und die „Wechselwähler" (Länder, die teils eher zu den Freihändlern, teils eher zu den Protektionisten neigen) geben meist den Ausschlag – besonders, wenn man ihnen „entgegenkommt" und in typischen EU-Paket-Bündeln etwas Protektion für etwas Öffnung oder etwas Struktur- und Sozialfondsmittel für etwas Deregulierung anbietet.

Dennoch kann man aus dieser einfachen Grafik der geänderten Machtverhältnisse im EU-Rat zwei Schlüsse ziehen:

- Nach einem Brexit stünden die Freihändler in vielen Fällen ohne Sperrminorität da. Unter dem neuen Verfahren der qualifizierten Mehrheitsentscheidung könnten Deutschland und seine nordeuropäischen Gleichgesinnten systematisch von einem „Club Méditerranée" überstimmt werden, der eher an einer EU als Transferunion interessiert ist als an offenen Märkten.
- Nach einem Brexit hätte es aber auch Großbritannien selbst nicht mehr mit derselben EU zu. Schon bei den Austrittsverhandlungen nach Art. 50 EUV[85] beschließt der Rat gemeinsam mit dem EU-Parlament über das Austrittsabkommen – mit qualifizierter Mehrheit, und: ohne Beteiligung des Austrittslandes! Und ob die Mehrheit der verbleibenden EU Mitglieder nach

[85] https://dejure.org/gesetze/EU/50.html

vollzogenem „Brexit" den Briten „die beste beider Welten" – freien Zugang zum EU-Binnenmarkt und gleichzeitig volle britische Souveränität zubilligen wird, ist überaus fraglich. Auch die Schweiz und Norwegen zahlen hierfür einen „Preis" (in das EU-Budget und in Form von Regulierungen, auf die man selbst keinen Einlfuss mehr hatte). Und die „Protektionisten / Interventionisten" in der EU dürfen ein strategisches Interesse daran haben, es den abtrünnigen Briten eher schwer zu machen – auch um „Nachahmereffekte" zu vermeiden.[86]

***

EU-REFORMBESCHLÜSSE: KEIN GROSSER WURF, ABER VIELE VERBESSERUNGEN. Gérard Bökenkamp | 20 Feb 2016

Auf dem EU-Gipfel in Brüssel haben sich der britische Premierminister David Cameron und die übrigen Staats- und Regierungschefs auf Reformen für die Europäische Union geeinigt. Diese sollen es Cameron ermöglichen, Großbritannien in der EU zu halten und das Referendum im Juni zu gewinnen. Wie zu erwarten kam dabei ein Kompromiss heraus, in dem viele Punkte der britischen Reformagenda, die zu großen Teilen auch der

[86] http://www.openeuropeberlin.de/im-falle-des-brexit-1-teil-vorbild-norwegen-schweiz-oder-kanada/

Reformagenda von Open Europe entsprach, aufgenommen wurden.[87]

Dabei muss berücksichtigt werden, dass die Reformen schnell und ohne große Vertragsänderungen wirksam werden sollten. Das engte den Spielraum von Anfang an ein. Deshalb sollten die Beschlüsse nicht als Endpunkt, sondern vielmehr als der Beginn eines notwendigen Reformprozesses verstanden werden.[88]

Die Beschlüsse betreffen folgende Punkte:

- **Politische Integration und Souveränität:** Die Staats- und Regierungschefs haben festgestellt, dass die bestehenden Verträge keinerlei Verpflichtungen enthalten, weitere Kompetenzen an die EU zu übertragen. Sowohl eine Ausweitung als auch die Verringerung von Kompetenzen bedürfe der Zustimmung aller Mitgliedstaaten. Die Bezugnahme auf den Prozess einer „immer engeren Union" sei vereinbar mit „verschiedenen Wegen der Integration für verschiedene Mitgliedstaaten." Sie stellte „keine Verpflichtung für alle Mitgliedstaaten dar, ein gemeinsames Ziel anzustreben."

[87] http://www.openeuropeberlin.de/eine-reformagenda-fuer-europa-von-gerard-boekenkamp/

[88] http://data.consilium.europa.eu/doc/document/ST-1-2016-INIT/de/pdf

- **Subsidiaritätsprinzip und Einspruchsrecht:** Zur Garantie des Subsidiaritätsprinzips ist ein Einspruchsrecht der nationalen Parlamente vorgesehen. Der vereinbarte Prozess für einen solchen Einspruch sieht wie folgt aus. Erstens: innerhalb der ersten zwölf Wochen nach der Übermittlung der Vorlage müssen begründete Stellungnahmen von den nationalen Parlamenten vorliegen, dass die EU-Vorlage nicht mit dem Prinzip der Subsidiarität vereinbar ist. Zweitens: Wenn die Anzahl der begründeten Stellungnahmen „55 Prozent der den nationalen Parlamenten zugewiesenen Stimmen" entspricht, wird der Punkt auf die Tagesordnung des Europäischen Rates gesetzt. Drittens: Nach einer Aussprache über die Stellungnahmen soll der Rat die Vorlage erst wieder prüfen, wenn den Bedenken Rechnung getragen worden ist.

- **Sozialleistungen und Freizügigkeit:** Das Prinzip der Gleichbehandlung aller EU-Staatsbürger kann in diesem Bereich eingeschränkt werden, wenn „zwingende Gründe des Allgemeininteresses" das erfordern. Für den Zugang zu Sozialleistungen könnten Bedingungen eingeführt werden, die sicherstellen, dass „ein tatsächlicher und effektiver Grad der Bindung der betreffenden Person an den Arbeitsmarkt des Aufnahmemitgliedsstaats besteht." Das Aufnahmeland darf Personen Sozialleistungen versagen, die in das Land kommen, ohne über entsprechende Mittel zur

Sicherung ihrer eigenen Existenz und der ihrer Familienangehörigen zu verfügen.

- **Keine Diskriminierung und Haftung der Nicht-Eurostaaten:** Es wird bekundet, dass die „Vertiefung" der Wirtschafts- und Währungsunion notwendig sei. Es wird aber auch festgestellt, dass die Teilnahme an dieser Vertiefung für Nicht-Eurostaaten „freiwillig" ist, aber ihnen die Teilnahme auf freiwilliger Basis immer offensteht. Weitere Schritte zur Vertiefung dürfen weder zu einer Diskriminierung der Nicht-Eurostaaten führen, noch haften sie für Maßnahmen zur Stabilisierung der Eurozone. Als Gegenleistung sollen Nicht-Eurostaaten die von den Eurostaaten gewünschte Vertiefung nicht behindern, solange das gewährleistet ist. Die Zugeständnisse an die Nicht-Eurostaaten ändern aber ausdrücklich nichts daran, dass außer Großbritannien und Dänemark alle anderen Nicht-Eurostaaten weiter verpflichtet sind, die Voraussetzungen für die Einführung der Währung zu erzielen.

- **Bankenunion und Finanzaufsicht:** Die Bankenunion und die Finanzaufsicht durch die EZB sollen auch in Zukunft nur für die Kreditinstitute in den Mitgliedstaaten der Eurozone gelten, soweit nicht gesonderte Vereinbarungen getroffen werden. Die Nichteurostaaten sollen ihre Kreditinstitute selbstständig überwachen und selbst für mögliche

Sicherungsmaßnahmen aufkommen, soweit sie nicht freiwillig den Mechanismen zur Stabilisierung des Bankensystems beigetreten sind. Die Unabhängigkeit der Nichteurostaaten wird allerdings dadurch eingeschränkt, dass sich alle Staaten auf ein „einheitliches Regelwerk" verpflichten sollen, das für den gesamten Binnenmarkt gleiche Wettbewerbsbedingungen und Finanzstabilität garantieren soll.

- **Wettbewerbsfähigkeit und Binnenmarkt:** Die Wettbewerbsfähigkeit und der europäische Binnenmärkt sollen gestärkt werden, um mit dem wandelnden Umfeld Schritt zu halten. Die Aussagen dazu, wie das geschehen soll, sind allerdings eher vage. Es sollen „konkrete Schritte" zu einer besseren Rechtssetzung unternommen werden. Der Verwaltungsaufwand und die Befolgungskosten für kleine und mittlere Unternehmen sollen gesenkt werden. Unnötige Rechtsvorschriften sollen aufgehoben werden. Weiterhin soll die EU eine „aktive und ehrgeizige Handelspolitik" betreiben. Das bedeutet wohl an der Umsetzung des TTIP-Abkommens zu arbeiten und weitere Freihandelsabkommen in Angriff zu nehmen.

Beurteilung

Die Vereinbarung von Brüssel lässt sich schwerlich als großer Wurf bezeichnen, was angesichts der Situation und der isolierten Position, die Großbritannien mit seinen Vorschlägen einnahm, auch kaum anderes zu erwarten war. David Cameron hat in den Gesprächen das erreicht, was er unter den Umständen erreichen konnte. Ob das Ergebnis die Briten am Ende überzeugen wird, werden die nächsten Wochen und Monate zeigen. Besser als eine "norwegische" oder eine "schweizer" Lösung ist der Status, den Cameron den Briten gesichert hat, allerdings allemal.

Richtungsweisend ist das Europa verschiedener Geschwindigkeiten der Integration

Die Vereinbarungen bringen einige Verbesserungen. Die Feststellung, dass mit der Bezeichnung „immer engere Union" kein bestimmtes Ziel vorgegeben ist und die Rückverlagerung von Kompetenzen durchaus vereinbar ist, entzieht allen Interpretationen den Boden, dass ein europäischer Bundesstaaten oder die „Vereinigten Staaten von Europa" das verbindliche Ziel der europäischen Integration sei. Faktisch ist der Beschluss die Festlegung auf ein Europa mit unterschiedlichen Graden der Integration. Diese Aussage ist wegweisend für weitere Reformschritte in Richtung "Flexible Union."[89]

---

[89] http://www.openeuropeberlin.de/flexible-union-statt-bundesstaat-die-deutschen-sind-britischer-als-viele-denken-von-gerard-boekenkamp/

Die Beteiligung der nationalen Parlamente wird verbessert

Das Einspruchsrecht für die europäischen Parlamente wird in der Praxis wohl selten relevant sein. Die Möglichkeit eines solchen Verfahrens ist allerdings durchaus eine Verbesserung gegenüber dem Ist-Zustand.

Die Begrenzung des Zugangs zu Sozialleistungen ist vernünftig

Hilfreich ist auch die Klarstellung, dass mit der Freizügigkeit in der Europäischen Union kein unbegrenzter Zugang zum nationalen Sozialstaat gemeint sein kann. Davon kann gerade auch Deutschland mit seinen stark ausgebauten Sozialsystemen profitieren. In der Vergangenheit gab es bei deutschen Gerichten immer wieder Unklarheit darüber, inwieweit EU-Ausländer Ansprüche auf Sozialleistungen geltend machen können.

Leider keine Aufhebung der Beitrittsverpflichtung zum Euro

Bei der Neuregelung des Verhältnisses zwischen Euro- und Nichteurostaaten ist leider die Chance vergeben worden, sich generell vom Beitrittszwang für die Nicht-Eurostaaten zu verabschieden. Da aber offenbar von den betroffenden Staaten der Wunsch nach einer solchen Neubestimmung auch nicht vorgebracht worden ist, konnte man von Cameron auch nicht erwarten, gerade an dieser Stelle die Auseinandersetzung zu suchen.

Fazit: Britischer Sonderstatus verteidigt und dabei Verbesserungen für die ganze EU erreicht

Großbritannien hat in vielen Punkten eine Bestätigung und Präzisierung seines ohnehin bestehenden Status erreicht und damit seine Sonderstellung in der EU gewahrt. Das betrifft insbesondere seine Position außerhalb der Eurozone. Deutschland und andere EU-Staaten profitieren von den Vereinbarungen an anderen Stellen: Bei der Verbesserung der Einflussmöglichkeiten der Parlamente der Mitgliedstaaten und in der Einschränkung des Zugangs zu nationalen Sozialleistungen. Zukunftsweisend ist die Feststellung, dass es kein für alle verbindliches Ziel der EU gibt, sondern eine EU unterschiedlicher Grade der Integration möglich und notwendig ist.

Die Beschlüsse sind vernünftig, ganz unabhängig davon wie sich die Wähler im Vereinigten Königreich am 23. Juni 2016 entscheiden. Darum ist es auch bedauerlich, dass sie nur im Falle eines positiven Votums der britischen Wähler in Kraft gesetzt würden. Denn gerade eine EU ohne das marktwirtschaftlich orientierte Großbritannien könnte solche Reformen dringend brauchen.

***

CHOICES FOR BRITAIN AND THE EUROPEAN UNION.
Prinz Michael von Liechtenstein | 29 Feb 2016

Earlier this month, Prime Minister David Cameron agreed in Brussels on conditions allowing the United Kingdom to remain in the European Union. Based on this agreement, his government called a national referendum on EU membership for June 23.

The Conservative cabinet considered the terms of this compromise deal sufficient to recommend staying in the EU, although its decision was not unanimous. The decision to call a referendum is justified, because UK membership will only be successful if it is supported by a broad majority of the population.

A lot of haggling preceded the agreement. The question is whether it produced a compromise that is beneficial for both sides.

Regardless of its shortcomings, an agreement to keep Britain in benefits all. The hard part is striking a workable balance between EU principles and British pragmatism.

Take social security entitlements for immigrants from other EU member states, which often offer weaker benefits. This is a general European problem. Highly developed welfare states have issues with immigrants. The solution reached – a one-off, seven-year "emergency brake" on some in-work benefits – gives the UK some relief without destroying the principle of freedom of movement within the EU.

Other issues crucial to Mr. Cameron included national sovereignty, especially an opt-out clause from the EU treaty commitment of "ever closer" union and provision for allowing national parliaments to block EU legislation under certain conditions. On the financial side, independence from eurozone regulatory decisions was also crucial.

The stakes raised are important.

For the UK, leaving the EU would mean redefining and renegotiating relations with its most important economic partner from a position of weakness. Brexit could also pose a threat to the country's territorial integrity by enhancing the case for Scotland's independence.

The damage inflicted on the EU would be just as severe. The removal of its second-largest economy would lessen the power of the bloc, while the loss of Britain's global political weight, experience and military reach would strike an even heavier blow to Europe's already feeble foreign and security policies.

The pragmatic but disciplined British approach to politics also acts as a very important check in EU decision-making processes, curbing excessive centralizing tendencies.

The price of the February 19 deal in Brussels has been to further complicate the already oversized and unwieldy EU framework. It will only encourage other member states to press for more exceptions and special status, making the system even less functional.

For the moment, it is a waste of time to speculate on the likely decision of UK voters. The situation exposes weak points in the great project of European integration. It would be unfair to blame the EU for this, since the decisions were made by the European Council, which is composed of national governments.

Things might not have come to this pass if there had been more respect for the principle of subsidiarity, both on the EU and the national level. This would mean delegating more tasks from Brussels to the national governments, from national governments to regional authorities, and so on down the line until one reaches individual communities, companies and people.

What the EU should be concentrating on is protecting its four freedoms – free movement of goods, capital, services and people – and common global interests. At the same time, it should be fostering healthy competition among its member states and regions.

Probably due to its complex framework, the EU's institutions and member states have a bad record of breaking their own rules. The Maastricht fiscal criteria were never respected. Schengen rules are routinely broken and the European Central Bank's program to buy sovereign debt violated the EU ban on government bailouts.

We can only hope that exceptions for the UK will drive home a lesson on the need to reform and decentralize. Such reforms appear unlikely today, but hope still exists. British involvement could be helpful on this path. Failure to reform will lead to the EU's creeping disintegration, as member countries grow more aggressive in seeking special status and turn a blind eye to the rules.

***

WIDERSTAND UND UNTERSTÜTZUNG - WER IST FÜR UND WER GEGEN DIE EU-REFORMVORSCHLÄGE GROSSBRITANNIENS. Gérard Bökenkamp | 9 NOV 2015

Am Dienstag wird der britische Premierminister David Cameron in einem Brief an den Präsidenten des Europäischen Rates Donald Tusk seine genauen Vorstellungen über die einzelnen Punkte der EU-Reform darstellen, die Großbritannien vor dem Referendum durchsetzen will.[90]

Dazu werden mit großer Wahrscheinlichkeit die Forderungen nach politischen Garantien für die Nicht-Euromitglieder der EU, das Ende der Verbindlichkeit der „immer engeren" Union für alle EU-Mitglieder, die Stärkung der Rolle der nationalen Parlamente im europäischen Gesetzgebungsprozess, ein weiterer Ausbau des Binnenmarktes und des Freihandels und die Möglichkeit der Begrenzung des Zugangs zu nationalen Sozialleistungen für EU-Ausländer gehören.[91]

---

[90] http://blog.openeuropeberlin.de/2015/06/eine-reformagenda-fur-europa-von-gerard.html

[91] http://blog.openeuropeberlin.de/2015/09/die-eurozone-und-der-rest-wie-kann-das.html

In Deutschland gibt es Rückhalt für die UK-Reformagenda

Für den Erfolg der britischen Reformbemühungen ist selbstverständlich ausschlaggebend, wie die anderen EU-Staaten auf die Reformagenda reagieren. Wie eine Forsa-Umfrage von Open Europe Berlin und der Britischen Handelskammer in Deutschland ergeben hatte, unterstützt eine Mehrheit der Deutschen diese Reformagenda, mit der Ausnahme der von Großbritannien gewünschten Garantie, dass die EU dauerhafte eine Union mit verschiedenen Währungen bleiben soll.[92] Während also in Deutschland die britischen Bemühungen durchaus eine wohlwollende Prüfung erwarten können, wird es in anderen EU-Staaten in bestimmten Fragen schwieriger sein.

Die wahrscheinlichen Reaktionen der anderen EU-Mitglieder

Open Europe London hat eine Karte vorgestellt, auf der die wahrscheinliche Position der einzelnen EU-Staaten verzeichnet ist.[93] Irland, die skandinavischen Staaten – Schweden, Dänemark und Finnland – die Niederlande und Irland werden als wahrscheinliche Verbündete bei der Umsetzung der EU-Reform markiert. Deutschland, Kroatien, die baltischen Staaten, Österreich und Italien gelten als

---

[92] http://blog.openeuropeberlin.de/2015/10/umfrage-uk-reformagenda-findet-bei-den.html

[93] http://openeurope.org.uk/impact/open-europes-eu-reform-heat-map-how-might-eu-countries-react-to-camerons-letter/

Staaten mit Sympathien für das britische Anliegen, unterstützen diese aber nicht „bedingungslos." Die Positionen Frankreichs, Portugals und der übrigen osteuropäischen Staaten werden als unklar eingestuft. Die größten Vorbehalte werden von Spanien, Belgien und Luxemburg erwartet.

Eine EU verschiedener Integrationsniveaus ist für die Mehrheit der Staaten akzeptabel

Ein differenziertes Bild in einzelnen Fragen

Noch differenzierter sieht das Bild aus, wenn die einzelnen Punkte der wahrscheinlichen Reform-Agenda betrachtet werden. Der Wunsch nach Garantien für die Nichtmitglieder der Eurozone kann wohl auf Unterstützung eines Blocks aus Deutschland, den Niederlanden, den osteuropäischen Staaten, die wie Polen den Euro selbst noch nicht eingeführt haben, Irland und den skandinavischen Staaten rechnen. Der größte Widerstand ist in dieser Frage von Seiten Frankreichs, Belgiens und Luxemburgs zu erwarten.

Der Ausbau des Binnenmarktes: Im Prinzip Zustimmung, bei Vorbehalten im Einzelnen

Die größten Gegensätze gib es in Fragen des Zugangs zum nationalen Sozialstaat. Sehr starke Vorbehalte sind in Osteuropa wahrscheinlich und auch bei anderen Kontinentalstaaten wird eine ablehnende Haltung vorausgesagt. Bei den strukturellen Reformen, die zu einem Europa verschiedener Geschwindigkeiten mit einer stärkeren Rolle der nationalen Parlamente führen sollen, werden vor allem Spanien, Belgien und Luxemburg als wahrscheinliche Bremser identifiziert.

Gegen die Stärkung der nationalen Parlamente: Spanien, Belgien, Luxemburg

Strukturelle Reformen: Ein Kompromiss ist möglich

Überblickt man die Stimmungslage in den einzelnen EU-Staaten, dann erscheint eine Einigung schwierig, aber nicht unmöglich. Da Deutschland grundsätzlich ein starkes Interesse besitzt, Großbritannien in der EU zu halten, wird Deutschland wahrscheinlich als Vermittler eine wichtige Rolle spielen. In den Fragen der strukturellen Reform erscheint eine Verhandlungslösung wahrscheinlich.

In Belgien und Luxemburg und auch in Spanien mag es dagegen größere Vorbehalte geben, doch werden diese am Ende die Mitgliedschaft Großbritanniens in der EU nicht gefährden wollen. Die Ausgestaltung dieses Anliegens gibt auch genug Spielraum für Kompromisse. Eine flexible Union mit unterschiedlichen Graden der Einbindung hätte viele gute Argumente auf ihrer Seite.[94]

---

[94]http://www.openeuropeberlin.de/Content/Documents/Leipzig_2013_Europa_a_la_carte.pdf

Begrenzung des Zugangs zu Sozialleistungen – Größter Widerstand in Osteuropa

Die größte Brisanz hat die Begrenzung des Zugangs zu den Sozialleistungen

Der größte Stolperstein ist die Frage der möglichen Begrenzung der nationalen Sozialleistungen für EU-Ausländer. Diese Frage besitzt sowohl im Vereinigten Königreich als auch bei den osteuropäischen Staaten, aus denen einen Großteil der Arbeitsmigranten in der EU kommen, eine starke emotionale und symbolische Bedeutung. Das macht einen Kompromiss sehr viel schwieriger als auf dem Feld der institutionellen Reformen, von denen viele Bürger nur eine abstrakte Vorstellung haben.

Es ist wahrscheinlich, dass sich ein Teil der Out-Kampagne in Großbritannien auf diesen Punkt konzentrieren wird. Für die Osteuropäer ist wichtig, sich nicht als „Bürger zweiter Klasse" in der EU zu fühlen. Deutschland, dessen Bürger laut der Forsa-Umfrage mit großer Mehrheit die britische Position in dieser Frage unterstützen, kann dabei eine wichtige Rolle spielen, um eine für alle Seiten akzeptable Position zu finden.

THE CAMPAIGN

A PREDICTION: CAMERON HAS ENOUGH TRICKS UP HIS SLEEVE TO GET WHAT HE WANTS. Edward Aldred | 16 NOV 2015

This article was written in November 2015, shortly after David Cameron had sent Donald Tusk his proposals for reform of Britain's relationship with the EU. In it Edward Aldred argues why Mr Cameron had reason to be optimistic while he waited for the Council President's response.

When David Cameron sent his letter to Donald Tusk outlining his EU reform demands last week, the media decided that he had a difficult journey ahead of him. He faced either an uphill battle or a tightrope walk. A recent poll suggests that Cameron will have to pull off something heroic in Brussels, as the majority of Brits currently back leaving the EU.[95] But the likelihood is that while it won't be a walk in the park for the Prime Minister, he should come out on top over the coming months. He will come away from his renegotiation with a deal that he can sell to the British people and he will then have all sorts of weapons in his arsenal as he battles to keep Britain in the EU.

The EU doesn't want to lose Britain

Britain is a country that adds serious political and economic weight to the EU. The EU could do without losing one of the biggest contributors to its budget. Germany, the EU's de facto leader would stand to lose an important ally if the UK headed for the exit. EU leaders do not want Brexit to happen, so Cameron should find that they listen to him at the renegotiation table. It is in their interests that he can sell a decent deal to his sceptical public.

Schulz and Juncker are already playing along

Mr Cameron needs to come away from his renegotiation looking as if he has won and the EU has lost. It must look as if the EU has given in and made large concessions to the UK.

[95] http://openeurope.org.uk/today/open-europe-alert/

Before Cameron has even taken his seat at the renegotiation table, Parliament President Martin Schulz and Commission President Jean-Claude Juncker have already done him a favour. They immediately rebuffed the fourth demand, (that EU migrants to the UK wait four years before receiving certain benefits). By suggesting that the proposal could be illegal, they have made the Prime Minister's demands look bolder than they perhaps really are. As a consequence, floating voters who are tempted to leave the EU might have some faith restored in their Prime Minister when he comes home with a deal. Maybe his demands aren't so tame after all.

There are is a strong, positive pro-EU case that can be made when Cameron returns from the renegotiation

In Britain, the European Union is treated like a referee in a football match. When a referee has a bad game, we notice, and we castigate him for making poor decisions, but when he is getting decisions right, they go unnoticed, and unpraised. In Britain we hear constantly of the EU's failings, how it is mismanaged, how it ought to be improved. But the many ways in which EU membership benefits our country often go under the radar. Cameron can put these things into the spotlight.

The Economist this week argues that Mr Cameron can deploy a number of positive arguments for Britain remaining in the EU.[96] It points out that the EU is already 'moving in the right direction'. Cameron can, and should, point out to a British electorate that is under informed about the EU's workings, that the Juncker commission is actually cutting red tape. The EU also has some big trade deals on the table. The argument that the EU adds to our national security, which Mr Cameron tried out for the first time on Tuesday is another good one, the newspaper argues. Given the tragic events in Paris last week, national security is at the front of everyone's minds.

The British want to feel important – they will relish saving the day for the rest of Europe

A very basic gripe that the British have when it comes to the EU is that we are not properly recognised or fairly represented. Britain may be a country of just 64 million, but we are used to being treated as an international heavyweight, right up there with the USA. In truth it's a long time since the UK was a real superpower, but that doesn't stop us from trying to cling on to that status. We are in the G7, we have a seat on the UN Security Council and the Head of State in Canada and Australia is still our Queen. In fact, a poll last year found that three times as many British people

[96]https://www.economist.com/news/leaders/21678222-david-cameron-needs-tell-more-positive-story-about-britains-eu-membership-how-make

considered the British Empire something to be proud of rather than something to be ashamed of.[97]

When it comes to Brussels though, the UK finds itself just one of twenty-eight members. On some issues we appear to have the same influence as places like Luxembourg or Belgium. For many people, (including Nigel Farage MEP, who 'welcomed' Herman van Rompuy into office by telling him that Belgium is 'pretty much a non-country') this is ridiculous. The fact that the Queen of Europe is a German doesn't exactly help either.

But what the British public does not realise is that the rest of Europe does actually consider us to be important, and does listen to what we say. The British media has thus far had a very inward-looking approach to the Brexit debate: What would Brexit mean for us? On the continent, however, there are many voices saying that the EU needs the UK and should try to accommodate its wishes. Leopold Traugott and Michael Wohlgemuth have both written for Open Europe Berlin about how Brexit would be bad for the EU.[98][99] If and when the British people hear this, many will be reassured. It's not exactly common knowledge in Britain that

---

[97] https://yougov.co.uk/news/2014/07/26/britain-proud-its-empire/
[98] http://blog.openeuropeberlin.de/2015/11/selbst-wenn-die-briten-die-eu-nicht.html
[99] http://blog.openeuropeberlin.de/2015/07/eus-real-exit-danger-is-united-kingdom.html

Ireland would be hit, and probably be hit hardest of all the EU member states, by Brexit.[100] When people realise how keen, even desperate, others are for us not to walk away, the British voters will relish the role of saving the day for everyone else. We just need our ego to be stroked.

The Irish voters

Unlike other EU immigrants living in the UK, the Irish will be given a vote in the referendum. Or rather 600,000 votes.[101] Given the dark warnings about what Brexit would mean for their homeland, they can be counted on to add some serious weight to the campaign to stay in.

The Prime Minister versus the mob

Writing in the Daily Telegraph, Dan Hodges argues that the referendum campaign 'will be a war of the head versus the heart'.[102] This is likely to be true, as Hodges rightly suggests that a sensible campaign to stay in the EU will make the advocates of Brexit, for whom – whether they like it or not – Nigel Farage is their most instantly recognisable figure, look angry and ranty and frankly silly. When faced with a big

---

[100] http://openeurope.org.uk/blog/how-would-brexit-impact-ireland/

[101] http://irishpost.co.uk/which-way-would-the-irish-vote-on-an-eu-brexit-referendum/

[102] http://www.telegraph.co.uk/news/newstopics/eureferendum/11991158/Britain-will-stay-in-the-EU-the-Eurosceptics-have-already-wrecked-their-campaign.html

decision, the British people will always favour common sense – the side that looks sensible, pragmatic and in control. That side is more likely to be one run by a Prime Minister than Nigel Farage. As Prime Minister, David Cameron has the advantage of looking 'prime ministerial', as we say...

Scotland – the nuclear option

If the Britain Stronger in Europe campaign does degenerate into an emotional one, there is perhaps no weapon more powerful, or more devastating, that they could deploy than Scotland.

Though the Scottish National Party (SNP) failed in its bid for independence in 2014, they were by no means defeated. At the 2015 general election, the SNP secured 56 of Scotland's 59 seats in House of Commons. This is an incredible achievement, and one which means that the question of Scottish independence has firmly refused to go away.

The pro-EU SNP would gladly seize upon a Brexit vote to secure another independence referendum for Scotland. A situation where the Scottish people vote to stay in the EU, while the UK as a whole votes to leave, would be untenable, they argue. Many commentators agree with this and that the Scots would then vote for independence.

As the English care far more about Britain than they do about the EU, there would be an argument that could be made along the lines of: voting to leave the EU means voting to break up the United Kingdom. Many Eurosceptics – often patriotic right-of-centre types – might then conclude that EU membership is a price worth paying to stop their own Union from disintegrating.

This argument is not without its side-effects though, and they are massive. First, it is a painfully negative argument, and second, should it fail to work and the British people vote for Brexit, the SNP will have pretty much had their new independence guaranteed to them. Things will have to be desperate before the Prime Minister utters the word 'Scotland'.

But he must not be complacent…

While Cameron has all sorts of tools in the box, his opponents will still have some of their own. Brexit campaigners will do their utmost to portray his reforms as weak and tokenistic. They will make the most of the fact that much of the electorate sees a post-Brexit UK as a place made simpler, freed by the shackles of Europe. They will argue that we will be in control of our own affairs and will play down the difficulties and complexities of Britain finding its new place in the world. Some on the Right of the campaign to leave have already seized on the Paris attacks to make the political point that we must have full control of our own borders. And of course, Cameron must convince a public that is at best indifferent to the EU to embrace it.

***

FÖRDERT DIE FLÜCHTLINGSKRISE DEN BREXIT? Gérard Bökenkamp | 31 AUG 2015

Migration ist nicht nur in Deutschland derzeit das bestimmende Thema, sondern auch in Großbritannien spielt die Diskussion darüber eine große Rolle. Anders als in Deutschland gibt es allerdings einen Konsens darüber, dass der Zuzug begrenzt werden soll. Unter der Regierung von Tony Blair hat es sehr hohe Zuwanderungszahlen gegeben, was zu einem Umschwung der öffentlichen Meinung geführt hat. Eine wahlentscheidende Mehrheit der Briten befürwortet heute eine restriktivere Einwanderungspolitik. (Offizieller Report der UK-Regierung zur Zuwanderung[103]).

Die Britische Regierung will den Zuzug begrenzen

Die britische Regierung hat die Begrenzung der Nettozuwanderung offiziell zum Ziel ihrer Politik erklärt und veröffentlicht vierteljährlich Zahlen über die Entwicklung des Zuzugs.[104] Dabei wird die Nettoimmigration gemessen. Das heißt die Zuzüge nach Abzug der Personen, die das Vereinigte Königreich verlassen haben. Diese Zahl ist zwischen März 2014 und März 2015 um 94.000 auf 330.000 Personen gestiegen. Davon geht der größte Teil auf den Zuzug aus der EU zurück (53.000). Der übrigen Teil auf Zuzug von außerhalb.

---

[103] http://www.ons.gov.uk/ons/dcp171778_414818.pdf
[104] http://openeurope.org.uk/blog/the-net-migration-target-doesnt-make-sense-irrespective-of-eu-migration/

Welche Rolle wird Migration in der Brexit-Debatte spielen?

Das und das ungelöste Flüchtlingsproblem in Kontinentaleuropa und die Ereignisse in Calais haben in Großbritannien die Frage aufgeworfen, welche Rolle Migration in der politischen Kampagne vor dem kommenden Referendum über die Mitgliedschaft in der EU spielen wird. Werden die Brexit-Befürworter das Thema Migration in den Mittelpunkt ihrer Kampagne stellen? Raoul Ruparel von Open Europe in London hat die möglichen Wirkungen auf das Verhalten der Akteure und die mögliche Wirkung auf die Wähler untersucht.[105]

Das Flüchtlingsproblem lässt die EU als Krisenherd erscheinen

Ruparel kommt zu dem Ergebnis, dass die ungelöste Flüchtlingsfrage den Eindruck von der Unfähigkeit der EU verstärkt, Krisen effektiv zu lösen: „Viele Menschen stellen verständlicher Weise die Frage: Wenn die EU nicht in der Lage ist solche ganz Europa betreffenden Krisen zu bewältigen, wozu ist sie dann da?" Die EU kümmert sich ganz offensichtlich um viele Probleme, die auf nationaler Ebene besser gelöst werden können. Bei Problemen, die eindeutig ein gesamteuropäisches Handeln erforderlich

[105] http://openeurope.org.uk/impact/how-important-will-immigration-and-aslyum-be-to-the-out-campaign/

machen – wie der Flüchtlingsproblematik – sind bislang kaum Lösungsansätze zu erkennen.

Migrationsthema ist für Brexit-Befürworter riskant

Dennoch kommt Ruparel zu dem Ergebnis, dass die Unterstützer eines EU-Austritts von der Lage nur begrenzt profitieren können. Den Austrittsbefürwortern geht es darum, vor allem unentschlossene Wähler zu gewinnen. Eine Anti-Migrationskampagne könnte leicht dazu führen, dass die Debatte einseitig von UKIP dominiert wird und moderate Wähler und Anhänger anderer Parteien davon eher abgeschreckt werden. Für das Pro-Brexit-Lager ist das Thema Migration also ein zweischneidiges Schwert.

Auch nach einem Brexit gäbe es Personenfreizügigkeit

Ein Austritt Großbritanniens würde auch nicht zwangsläufig dazu führen, dass es mehr Kontrolle über den Zuzug gewinnen würde. Die Befürworter eines Brexit argumentieren, dass ein Austritt aus der EU wirtschaftlich verkraftbar sei, weil Großbritannien weiter Teil des europäischen Binnenmarktes bleiben werde. Das wäre aber mit großer Wahrscheinlichkeit damit verbunden, dass die Personenfreizügigkeit auch nach einem Brexit erhalten bleiben würde. Großbritannien hätte in diesem Fall nichts gewonnen, aber sein Mitspracherecht im Entscheidungsprozess der EU verloren.

Die Kontrolle der Außengrenze würde durch den Brexit sogar schwerer

Die Kontrolle der außereuropäischen Einwanderung wäre durch den Austritt möglicher Weise sogar erschwert, da Großbritannien zur Sicherung der Zugänge in das Vereinigte Königreich über Flughäfen, Fähren und die Bahn-verbindung, die Kooperation der Kontinentaleuropäer benötigt. Großbritanniens Engagement für eine verbesserte Kontrolle der EU-Außengrenze scheint eine wenigstens so plausiblere Antwort auf die Wünsche der britischen Wähler zu sein, den Zuzug zu steuern, wie der Austritt. Das alles spricht dafür, dass das Thema Migration, trotz seiner unbestreitbaren Aktualität und Brisanz, nicht zum beherrschenden Thema der Brexit-Debatte in Großbritannien werden wird.

Fazit

• Ein Brexit führt nicht automatisch zu weniger Zuwanderung

• Die Brexitbefürworter wollen keine reine UKIP-Kampagne

• Deshalb werden Brexitbefürworter andere Themen in den Mittelpunkt stellen.

• UK wird sich wahrscheinlich für schärfere Kontrolle der EU-Außengrenze einsetzen

***

WHERE DO THE PAPERS STAND? The media landscape in the UK

Britain is a country with proud journalistic traditions. The Times has been in print since the 18th Century, the Financial Times is read and respected the world over and the tabloids have a history of bringing down governments and ending political careers. Most British papers have a clear political leaning, and tell their readers what they want to hear.

What are they saying about Brexit? And how should we interpret it? On the following page is a quick guide to understanding Britain's media landscape.

(dark grey)	Tabloid
(light grey)	Quality newspaper
(dark grey)	Free newspaper
*	UK cities only
**	London only
***	Scotland only

Data: Press Gazette

Newspaper	Print Circulation	Political Alignment	Brexit Stance	Owner
The Sun	1,787,096	Right-wing, Conservative	Leave	News UK / Rupert Murdoch
Daily Mail	1,589,471	Right-wing, Conservative	Leave	DMG Media
Metro *	1,348,033	Centre-Right	Ambiguous	DMG Media
Evening Standard **	898,407	Centre-Right	Remain	Evgeny Lebedev and DMG Media
Daily Mirror	809,147	Labour Party	Remain	Trinity Mirror
Daily Telegraph	472,033	Centre-Right	Leave	Telegraph Media Group
Daily Star	470,369	Populist, Celebrity gossip	Leave	Richard Desmond
Daily Express	408,700	Right-wing, UKIP	Leave	Richard Desmond
The Times	404,155	Centre, Centre-Right	Remain	News UK / Rupert Murdoch
i	271,859	Liberal, Radical Centre	Remain	Johnston Press
FT	198,237	Pro-market, -globalisation	Remain	Nikkei
Daily Record ***	176,892	Labour Party	Ambiguous	Trinity Mirror
The Guardian	164,163	Centre-Left	Remain	Guardian Media Group
The Economist (UK)	156,961 [weekly]	Pro-market, -globalisation	Remain	The Economist Group
City A.M. **	97,259	Classical Liberalism	Ambiguous	City A.M. Limited
The Independent	55,193	Liberal, Radical Centre	Remain	Alexander and Evgeny Lebedev
Morning Star	10,000	Socialist	Remain	People's Press Printing Society

TABLOIDS

THE SUN is run by Rupert Murdoch and is Britain's biggest-selling newspaper. It is famous for its crude headlines, such as "Gotcha!", which celebrated the sinking of Argentinian ship General Belgrano in The Falklands War of 1982. The newspaper's controversial coverage of the Hillsborough disaster of 1989 sees it largely boycotted by the people of Liverpool. The Sun is said to represent the views of so-called "white van man". Accordingly it carries a somewhat blunt Eurosceptic message. On 9 March 2016, the Sun's front page announced "Queen Backs Brexit", prompting unprecedented complaints from Buckingham Palace. The Sun has a history of backing the side that goes on to win in general elections – Brexiteers will be hoping that the same will be true of the Referendum.

THE DAILY MAIL which goes in for sensationalist right-wing journalism is the UK's second favourite newspaper and boasts the world's most-visited news website. Famously patriotic and anti-European, the Mail's stance on Brexit is the same as the Sun's, but where the Sun has a working-class readership, the Mail has pretensions to speak for "middle England".

THE DAILY MIRROR is Britain's left-leaning tabloid. It backs continued EU membership, and is keen to convince its generally working-class readership to do so too. In April 2016 it made itself clear in an article entitled "Voice of the Mirror: Britain would be poorer country if we quit Europe".

Whereas the EU is portrayed as the villain by the other tabloids, for the Mirror it is David Cameron and the Conservative Party who are the perennial enemy.

THE DAILY EXPRESS is run by media baron Richard Desmond. Where the Sun and the Daily Mail are unwaveringly Eurosceptic, the Express is stridently Europhobic. The Express launched its "Crusade for Freedom" in January 2011 – a petition calling on the Prime Minister to take Britain out of the EU. Headlines are dominated by the EU, immigration, scientific research into what will make you live longer (or shorter) and conspiracy theories surrounding the death of Princess Diana, to the point that many regard the newspaper as a joke. Headlines in the past have included: *Diana: The Truth, SAS 'Ordered to Kill Diana', Super Pill is Key to Living Longer, Fury Over Britain's 2m Illegal Migrants, Ban the Veil, Ban it, Kick Out Foreign Crooks, Now EU Wants Asylum Control.*

BROADSHEETS

THE DAILY TELEGRAPH is Britain's most popular "quality newspaper". It is the furthest to the right of Britain's quality broadsheet, but is certainly more centrist than the Express, Sun and Daily Mail. The paper is Eurosceptic, and prominent Brexiteer Boris Johnson writes a weekly column. Headlines have see-sawed between the seemingly pro-Brexit and seemingly pro-Remain, making the newspaper's stance on the referendum less than clear. This reflects the split voting intentions of its readership: Conservative-voting and relatively well-educated.

THE TIMES is run by Rupert Murdoch and is positioned very similarly to the Daily Telegraph, if a little more moderate. Where the Telegraph has consistently supported the Conservative Party, the Times endorsed the Labour Party in the elections of 2001 and 2005. It is more likely than not to come down on the side of Remain.

THE "i" is a compact quality newspaper and a product of THE INDEPENDENT, which itself became digital-only in March 2016. Launched in 2010 and named National Newspaper of the Year in 2015, the "i" is a centre-left-liberal publication with a young and well-educated metropolitan readership. It has a progressive slant and often focuses on social issues. While the Independent endorsed a continuation of the Conservative/LibDem coalition in the 2015 election, the "i" decided not to tell its readers how to vote. It will likely take a similar stance on the EU referendum, but its readers will overwhelmingly vote to stay in.

THE FINANCIAL TIMES is required reading for anyone who takes themselves seriously and wears a suit to work in London. Its pink pages are something of a status symbol. Its tone is generally more reasonable and less partisan than its rivals. The FT favours continued EU membership, not on account of ideology, but on account of an analysis of boring economics and cold, hard facts. It has been far more supportive of David Cameron and his renegotiation than other British dailies.

THE GUARDIAN is the newspaper of choice for the UK's leftwing middle classes. It won a Pulitzer Prize for its work with Edward Snowden. It is still nicknamed the Grauniad for its old reputation for typos. Progressive and pro-European, the Guardian would have supported continued EU membership regardless of David Cameron's renegotiation. Although he is on the same side in the referendum, the Guardian is still finding space to criticise the [Conservative] Prime Minister in its EU coverage.

THE ECONOMIST only comes out once a week, but is valued by the kinds of people who read the FT for its more in-depth analysis. On Brexit, it has a similar, reasoned stance for advocating a Remain vote.

The BBC is the UK's state broadcaster and is thus neutral, or is at least supposed to be. Advocates of a Leave vote have been vocal in their criticisms of the BBC's EU coverage. Brexiteer and Culture Secretary John Whittingdale, who is responsible for overseeing the Corporation, has cautioned it for "bias" on Europe. Remainers seem a little happier, on the whole, but do get annoyed when Brexiteers' claims go unchallenged in interviews with BBC journalists.

FREE NEWSPAPERS

Usually found at train stations, the METRO, EVENING STANDARD and CITY A.M. are aimed at commuters. While the former is available in a number of UK cities, the Standard and City A.M. are London newspapers. The Metro and the Standard have a similar middle-market, centre-right slant. While the Metro has not come down on either side of the Brexit question, the Standard's articles are clearly weighted in favour of Remain, no doubt because London is a Europhile city. Business-focused City A.M. is pitched as a free, less formal competitor to the Financial Times. But whereas the FT is pro-European, City A.M. has been ambiguous on Brexit. Some of its senior writers would be happy enough with a Leave vote.

***

WHERE DO THE PARTIES STAND? The political landscape in the UK

The CONSERVATIVE Party is split down the middle on the issue of Brexit. So-called "Tory modernisers", such as David Cameron and George Osborne are keen for Britain to stay in the EU, but those on the right of the party see the referendum as the chance to win back the UK's lost sovereignty. There are not too many big name Conservatives backing Brexit, but in Boris Johnson, the Leave campaign do have perhaps the biggest name of all. The Pound plummeted against the Dollar this week, following Mr Johnson's announcement that he will campaign for Brexit, such is the Boris effect. Loss of sovereignty and fears of being dragged into a European superstate are the big fears of Eurosceptic Conservatives. The "open door" to EU immigration is also a big concern, but is less of an obsession than it is for UKIP. For Eurosceptic Conservatives, the Prime Minister's renegotiation is no more than "thin gruel", because it fails to significantly rein in the power of Brussels bureaucrats.

For the last few decades, the LABOUR Party has been blissfully untroubled by divisions when it comes to Europe. With the exception of some on the hard left, the party has been a supporter of the European project and Britain's place within it. The election of Jeremy Corbyn, one of their most leftwing MPs, raised some doubts about the party's stance on the EU. Mr Corbyn voted to leave what was to become the EU back in 1975, and is only reluctantly supporting continued membership now. Mr Corbyn has criticised the renegotiation for failing to focus on the right things – workers' rights, for instance. In February, Mr Corbyn infuriated his fellow MPs by choosing to attend a rally for nuclear disarmament instead of a Remain campaign event. The vast majority of the party's MPs are campaigning to remain in the EU, with just a handful campaigning to leave.

The SCOTTISH NATIONAL PARTY is pro-EU, but there is talk that some Nationalists may vote tactically for Brexit to speed up the route to independence. The conventional wisdom is that the Scottish people are more Europhile than Eurosceptic, and that in the event of Brexit, the Scots would demand a fresh independence referendum, and that this time independence would be won. The SNP leader and First Minister of Scotland, Nicola Sturgeon, will certainly not be campaigning on the same platform as David Cameron. She had already warned him not to schedule the referendum for June, when Scottish elections are taking place, and she has also warned him not to come to Scotland during the referendum campaign. Ms Sturgeon is critical of the Prime Minister's "narrow" and "negative" renegotiation. She says she wants to see a "positive in principle" Remain campaign. The SNP would have backed continued EU membership regardless of a renegotiation. But the dream remains to become an independent nation and EU member state. So the party finds itself in a uniquely conflicted position on Brexit.

With UKIP, the clue is in the name: The United Kingdom Independence Party was founded with the ambition of leaving the EU. "Kippers" as they are sometimes known, hate the EU and love Britain. The only split in the party is in terms of which Leave group to campaign for. Nigel Farage, the

party leader, is on UKIP's anti-immigration wing and is signed up with Leave.EU and GO. Douglas Carswell, UKIP's only MP, is on the party's libertarian wing and is campaigning for rivals Vote Leave, a group dominated by Eurosceptic Conservatives. UKIP would never have been satisfied with David Cameron's renegotiation. Anything short of full independence from the EU is not enough. While the party is happy with the idea of free trade with Europe, even a trace of political integration is a step too far. The renegotiation does not shut the "open door" to immigration and it does not end the supremacy of EU law. Therefore it clearly falls well short.

Liberal Democrats

Britain's most Europhile mainstream party was destroyed at the 2015 General Election. The LIBERAL DEMOCRATS went from holding 57 seats and a role in government as the Conservatives' junior coalition partner, to just 8. Until the rise of UKIP and the SNP, the Lib Dems were the third party in British politics. They certainly aren't anymore. They will campaign for continued EU membership. Indeed, they would have done so regardless of the Prime Minister's renegotiation. But will anyone notice? They hardly get any airtime these days.

Northern Irish parties

The island of Ireland is considered to have more to lose from Brexit than Britain itself. Accordingly, most of the parties are campaigning to stay in the EU. The SDLP, Alliance and Sinn Fein are all calling for a vote to remain. The Ulster Unionists, lingered on the fence for a while, before deciding to support membership of a reformed EU. With the exception of the far-right TUV, the Democratic Unionist Party is the lone voice calling for Brexit. The First Minister of Northern Ireland is the DUP's Arlene Foster, who is publicly backing the Leave campaign. Ms Foster has cited the DUP's traditionally Eurosceptic outlook and the failure of the Prime Minister's renegotiation to bring "fundamental change to our relationship with Europe" as reasons for recommending Brexit.

Other parties

The GREEN Party is generally supported by young, pro-EU voters, and because of the UK's first-past-the-post voting system, they, like UKIP, have much more support than their one MP would suggest. Unlike the Labour party, the Greens wholeheartedly support the idea of a referendum, because they are "pro-democracy, not anti-EU". But like those on the left of the Labour Party, the Greens do not like the focus of David Cameron's renegotiation. They wanted him to focus on democracy, human rights, peace and the planet, not on competition and free trade. Nevertheless, they mostly want to stay in the European project. The Greens are not completely united, however. Baroness Jones, one of the most senior figures in the party, is advocating Brexit to get away from "neoliberalism" and "austerity".

Leftwing firebrand George Galloway, leader of the RESPECT party, was the surprise guest at a GO rally last Friday. Mr Galloway, and his tiny party, want to leave the EU for entirely different reasons from Nigel Farage, but the two were happy to share a stage.

PLAID CYMRU, the Welsh answer to the SNP, is in favour of continued membership of the EU.

***

GETTING THE TIMING RIGHT – WHY SOONER WAS BETTER WHEN IT CAME TO CHOOSING THE REFERENDUM DATE

Choosing the right date can make all the difference in a referendum. This is especially true when the polls are close, as they are in the UK's EU referendum. David Cameron was always well aware of this and sought the perfect date to swing the vote his way. In the end, Thursday 23 June was chosen. Why?

When could the referendum not have been?

In December 2015, the Queen gave royal assent to the European Union Referendum Act 2015. As a consequence, it was now written into UK law that a referendum on the country's continued membership of the EU had to be held "no later than 31 December 2017".

It could also not be held on 5 May 2016 or 4 May 2017, when local elections were already scheduled to be taking place.

The vote was never going to be on a Monday, Tuesday, Wednesday, Friday, Saturday or Sunday, because in Britain we vote in Thursdays.

When could referendum day have been?

There were three windows of opportunity open to David Cameron: June 2016, Autumn 2016 and 2017

Why did June hold such appeal?

The Prime Minister and the Foreign Secretary favoured holding a referendum sooner rather than later, and this was

certainly the soonest a referendum could be held. The EU Referendum Act stated that, technically at least, it is "The Secretary of State [who] must, by regulations, appoint the day on which the referendum is to be held". This is what the man in question, Foreign Secretary Philip Hammond (left) had to say in January 2016: "Our preference is to get this done as soon as we can after getting a deal agreed...We will then move as swiftly as we can to a referendum".

Sara Hobolt of the LSE thought David Cameron "wise to seek to avoid the mid-term slump in government popularity that usually occurs a few years after the election". A "strong and popular Prime Minister is much more likely to be able to persuade wavering voters that it is best to stay in the EU", she argued. Best to get on with it then.[106]

However, time would be very tight for a vote in June. Raoul Ruparel, Co-director of Open Europe in London, explored this in some detail.[107] Due to the rules laid out in the EU Referendum Act, Mr Ruparel argued that a referendum could be held no earlier than the week beginning 13 June 2016. Realistically, there would need to be at least 16 weeks between the first announcement of a referendum date and referendum day itself. So, if the first announcement was made on the Monday immediately after the Summit – Monday 22 February – Thursday 16 June would be the earliest possible date, with Thursday 23 and Thursday 30 June also possible.

Remain campaigners were anxious about being rushed. They feared that the British public was woefully under-informed about the EU and that an educational mission was required before voting day. They wanted a decent amount

---

[106] http://blogs.lse.ac.uk/brexitvote/2016/01/08/getting-the-timing-right-cameron-weighs-up-the-pros-and-cons-of-a-june-2016-referendum/

[107] http://openeurope.org.uk/blog/is-an-eu-referendum-in-june-as-nailed-on-as-people-think/

of time to put their message across and let it sink in. A referendum in June would hardly allow them that.

However, a poll conducted in December 2015 by ComRes for Open Europe in London said that 65% of Brits would vote to Remain if David Cameron secured all of his renegotiation demands.[108] This suggested that if the Prime Minister got a good deal from Brussels, the Remain side might survive a brief campaign. If he got a deal that the British people did not like, June might not leave enough time to convince them.

A June referendum also assumed that Mr Cameron came away from the 18-19 February European Council Summit with a completed renegotiation deal to sell to the British people. Should there have been no deal in February, there would have been no possibility of a June referendum.

Instead we would have had to wait until at least the autumn of 2016. July and August were ruled out - interest and turnout would simply be too low during the summer holidays.

It was not just tight timing and the need for a February deal that presented obstacles to a June vote. Domestic politics would make things rather tricky too. The Conservative Party is famously split on the issue of Brexit. The Times reported great concern in the Conservative Party that a June

---

108 http://openeurope.org.uk/today/open-europe-alert/

referendum could have dire consequences for their performance in the local elections and London Mayoral Election on 5 May 2016.[109] The Conservatives could ill afford to be split during these election campaigns. They wanted and needed their campaigners to be focused on local politics, not diverted by a looming vote on Europe.

This was particularly true for the vote for Mayor of London. The mayoralty is not an insignificant position. More than 13% of British people live in London, and the FT reckons the Mayor of London enjoys "the third-biggest direct personal mandate of any politician in Europe — after the presidents of France and Portugal". The Conservative candidate, Zac Goldsmith MP, was trailing Labour's Sadiq Khan MP by a good 10 points in the polls when David Cameron set the referendum date.[110] Admittedly, the campaign was yet to really get going – Mr Goldsmith had been on paternity leave – but at that stage it was the Conservative man who had it all to do. He probably wouldn't survive a June referendum.

---

[109]http://www.thetimes.co.uk/tto/news/politics/article4668843.ece

[110] http://www.lbc.co.uk/sadiq-khan-winning-race-to-be-london-mayor-poll-122690

An interesting feature of the mayoral battle was that Zac Goldsmith is a very independent-minded politician, and a serial rebel against his own party – amongst other things he is a Brexiteer and he had threatened to resign as an MP if Heathrow airport got a third runway. From Downing Street's point of view, there could be worse Labour candidates than Sadiq Khan and better Conservative ones than Zac Goldsmith. In plumping for 23 June, David Cameron seems to have concluded that the UK's place in the EU was of greater importance than Mr Goldsmith's in City Hall. Sure enough Mr Khan won decisively.

What was so unattractive about Autumn 2016 and 2017?

There were two big problems with an autumn vote. One was the summer holidays and the other was the Conservative Party Conference.

When he spoke in favour of an early referendum, Foreign Secretary Hammond also warned quite explicitly against a vote in September, saying it would be "very odd" to hold a referendum "when people have just come back from holiday". The Remain and Leave campaigns might well struggle for momentum if the preceding months coincided with the summer holidays. Turnout on the day might then suffer.

Perhaps then, an October or November referendum would be better? Perhaps not. The problem here was the

Conservative Party Conference, which was pencilled in for 2-5 October 2016. The Conference would be the perfect opportunity for the Prime Minister to start the process of bringing a divided party back together, *following* a referendum. By contrast, a Conference staged *before* a referendum would be politically very awkward, presenting a gift to the opposition. The Conference would be completely overshadowed by the Brexit debate and the division in the party would be embarrassingly public.

Of course, had the February EU summit not yielded a deal, Mr Cameron would have had no option but to look to the autumn, if he was still after as quick a referendum as possible. The very end of September might have been his best option in that scenario. People would have been back from summer holidays for a few weeks at least, and it would give the Prime Minister a great boost, provided he was on the winning side, just in time for the Conference.

2017 always looked like a last resort. Though the Remainers would have had plenty of time to educate the British public and build a case, there would be plenty of time for fresh European crises to develop, and tempt Brits to abandon a sinking ship. If a referendum dragged on this long, David Cameron would start to look out of control of the situation, and the Remainers would be sure to suffer for this.

A 2017 vote would also have presented some very awkward clashes. The French elections were scheduled for April and May, while the Germans would go to the polls in October.

French and German politicians would be focused on appealing to their domestic audiences, rather than pandering to British Eurosceptics. So it suited all concerned for a deal to be struck well before this.

A vote in the second half of 2017 would have brought a clash with the UK's presidency of the Council of the European Union. There was concern in the UK Foreign Office that the ability of British ministers to "serve as neutral chairpersons of EU meetings would be in serious question", if the Brexit question were still raging.

***

A GUIDE TO THE BAFFLING BREXIT BRIGADE

In advance of the referendum, the UK Electoral Commission was tasked with designating a "lead campaigner" for each side of the argument. There would be one official Remain campaign and one official Leave campaign.

Being designated as a lead campaigner comes with handsome benefits: access to £600,000 of public funds, access to campaign broadcasts, free mail shots, an increased spending limit of £7m (rather than £700,000) during the campaign period, and more.

It was straightforward enough for the Electoral Commission to designate the official Remain campaign. Britain Stronger in Europe, led by Lord Rose, an experienced businessman and Conservative peer, was the only organisation campaigning for continued EU membership.

The Leave campaign could boast no such unity. For months, the picture was confusing and constantly changing, before Vote Leave ultimately won the designation.

Leave.EU v. Vote Leave

Initially there were two warring groups calling for Brexit. Leave.EU and Vote Leave.

Launched in August 2015 – under the name The Know, before the referendum question was changed, Leave.EU is not just anti-EU, but anti-establishment. It is funded by UKIP donor Arron Banks, and fronted by, among others, UKIP leader Nigel Farage. "We will always be a part of Europe. But the EU is run for big business, big banks and big politics –

not for ordinary people," says Liz Bilney, CEO of Leave.EU.[111] The organisation talks of "taking a stand" and "winning our country back". Leave.EU is perceived as being heavily linked with UKIP, rather than being the cross-party campaign group that it strives to be.

On more than one occasion, Arron Banks contacted rival group Vote Leave proposing a merger. He has been refused each time. Mr Banks then wrote of the directors of Vote Leave: "Elliot [sic] and Cummings are two of the nastiest individuals I have ever had the misfortune to meet."[112]

A notable absentee from the Leave.EU fold is Douglas Carswell, UKIP's only Member of Parliament. A libertarian, Mr Carswell is on the economic right, rather than the anti-immigrant wing of Mr Farage's party. He is campaigning instead for Vote Leave. Of Leave.EU Mr Carswell has said: "Getting a whole bunch of likes on Facebook is not the same as winning a referendum."[113]

The Guardian calls Vote Leave "a Westminster-focused and MP-dominated campaign", and Leave.EU supporters label it the Brexit group of the "establishment".[114] At first, the group was led by Matthew Elliot, founder of the TaxPayers' Alliance

---

[111] http://leave.eu/en/our-campaign#our-vision

[112] https://leave.eu/en/news/0/open-letter-from-arron-banks-to-conservative-mps-re-vote-leave

[113] http://www.bbc.com/news/uk-politics-34484687

[114] http://www.theguardian.com/politics/2016/feb/05/eu-campaign-feuds-may-lead-to-no-official-brexit-group

and successful leader of the "No" campaign in the UK's 2011 referendum on changing the voting system, as well as Dominic Cummings, former special advisor to Michael Gove. Once he had come out in favour of Brexit, Mr Gove himself took charge, alongside the Labour Party's German-born MP Gisela Stuart.

Whereas Leave.EU is seen to have a preoccupation with immigration, and to look back to a Britain that was better in the past, Vote Leave's focus is on economic arguments and the financial cost of EU membership today. The homepage of its website features a ticker showing the UK's ever-increasing contribution to the EU budget. Vote Leave also wants to "take control", saying that the status quo is dangerous for British democracy and that we must leave now.

Vote Leave has been trying to avoid Nigel Farage like the plague, believing that a Leave campaign led by, or even associated with, the UKIP leader would be doomed, due to his toxic reputation among non-UKIP voters.[115]

However, Vote Leave's "moderate" position was damaged in November 2015, when it was revealed to be responsible for two amateurish young hecklers, who interrupted a speech by the Prime Minister. The undignified feud with Leave.EU has not helped things either.

---

[115] http://capx.co/if-nigel-farage-leads-leave-it-looks-like-curtains-for-brexit/

In a major setback for the organisation's cross-party credentials, the Labour Party's Eurosceptic group, Labour Leave, left Vote Leave, because of disagreements about the direction of the organisation and its leadership under Mr Cummings. Labour Leave joined GO and renamed itself accordingly, to Labour Go. "Labour Leave will now be independent of Vote Leave and has told the Electoral Commission that we do not endorse Vote Leave for designation," the Guardian was told.[116] The subsequent appointment of Ms Stuart as co-chair of the organisation has helped prevent Vote Leave from taking on too Conservative a hue.

GO – The new kid on the block

In January 2016, to add to the confusion, a new group – Grassroots Out, or GO – was launched. The founders were Conservative MPs Peter Bone and Tom Pursglove, and Labour MP Kate Hoey. Curiously the man funding the organisation was Arron Banks - the man behind Leave.EU. GO was launched in response to the embarrassing Leave.EU/Vote Leave bickering and the common perception that Leave.EU was UKIP in all but name. With its Conservative and Labour founders, and willingness to put Nigel Farage and George Galloway on stage together, it has a genuine claim to be a cross-party organisation. More so than Vote Leave. Happy that GO had a better image than

---

[116] http://www.theguardian.com/politics/2016/feb/05/eu-campaign-feuds-may-lead-to-no-official-brexit-group

Leave.EU, Arron Banks merged Leave.EU into what has since become the "GO Movement", and encouraged other Brexiteers to join the cause.

According to the Grassroots Out website, "GO, rather than setting up another 'leave' campaign, does the reverse. It brings together existing 'leave' campaigns and gets them to work as one in local areas." GO has already been successful in building a cross-party coalition, with the support of Conservative, Labour, UKIP and DUP politicians.

While Leave.EU and Vote Leave quarrelled, GO was keen to extend a hand of friendship to both. Confident that it would win the designation, the more professional Vote Leave was never interested in subscribing to the GO Movement, Nigel Farage providing a particularly good reason not to.

Vote Leave wins the designation – Brexiteers unite

When the Electoral Commission announced its decision, GO was quick to congratulated Vote Leave. Arron Banks initially seemed outraged though, threatening to go to court. A successful judicial review application could have delayed the referendum by four months according to a spokesman of the Leave.EU sub-group. The next day however, Mr Banks saw the light and released a statement explaining his decision to drop his appeal.

In a double boost for the Leave campaign, the Eurosceptic infighting appeared to finally be over, and with the slicker, more palatable, Farage-less Vote Leave taking centre stage, the Brexiteers have a chance to woo undecided voters.

***

WHO WANTS OUT? TEN HIGH-PROFILE BREXITEERS

1 - Boris Johnson, Mayor of London. It took Boris Johnson a painfully long time to make up his mind on Brexit. With his prime ministerial ambitions all too obvious, most commentators agree that Mr Johnson was weighing up what was best for his chances of succeeding David Cameron, rather than what was best for Britain. In the end, he came out in favour of Brexit, despite the fact that he is Mayor of London, one of the most Europhile parts of the UK. Does he really want Brexit deep down? If it lands him the keys to 10 Downing Street, then yes. Remainers were desperately hoping that the man known throughout the country simply as "Boris", the only rockstar figure on the British political scene, would side with them. Many people who hate the Conservatives love Boris. He managed to be elected Mayor of London, considered to be a Labour city, twice.

2 - Michael Gove, Justice Secretary and Co-Chair of Vote Leave. While David Cameron was infuriated by Mr Johnson's decision to back Brexit, he was merely disappointed by Mr Gove's doing so. Mr Gove's consistent

Euroscepticism was tested by his loyalty to the Prime Minister, a close friend. After some soul searching he came out for a Leave vote, and is now leading the campaign. Mr Gove suffers from low approval ratings with the public, a legacy of his radical tenure of the job of Education Secretary, He is, however, regarded as one of the most intellectual and eloquent advocates of Brexit.

3 - Nigel Farage, UKIP leader. It goes without saying that Mr Farage is a fully signed-up member of the Brexit brigade. What is worth noting is his rather limited role in the conversation. Since the

Conservative-hued, "establishment" Brexit group Vote Leave was designated the official Leave campaign by the Electoral Commission, Mr Farage has been out of the limelight. Aware of Mr Farage's almost Trumpian levels of

toxicity among undecided voters, Vote Leave has been trying to avoid him like the plague.

4- Iain Duncan Smith, Former Work and Pensions Secretary. Mr Duncan Smith was regarded as the quiet man of British politics until his dramatic resignation from the cabinet in March 2016. He quit 48 hours after the Budget, in which George Osborne had outlined cuts to disability benefits. The fact that Mr Duncan Smith is a convinced Eurosceptic – he opposed Prime Minister John Major over the Maastricht Treaty – and an EU referendum was just months away, played a part in a very political resignation, designed to destabilise David Cameron.

5 - John Whittingdale, Cullture Secretary. John Whittingdale was not a household name until the spring of 2016. Sadly he made the headlines for all the wrong reasons – embarrassing revelations about a relationship with a prostitute and trips to lapdancing clubs. A committed Eurosceptic and Thatcherite,

Mr Whittingdale is not a natural ally to "Tory modernisers" like David Cameron.

6 - Chris Grayling, Leader of the House of Commons. Dubbed the most incompetent member of the government

by Labour's Chris Bryant, Mr Grayling's career has only gone in one direction under David Cameron, backwards. Subjected to more than one humiliating demotion in the last few years, he would not have lost any sleep over his decision to campaign against the Prime Minister in the referendum.

7 - Theresa Villiers, Northern Ireland Secretary. An MEP from 1999-2005, Ms Villiers is no fan of the European

project, having campaigned against Britain joining the euro and against the European Constitution. The only thing that might have given her pause for thought when deciding to back Brexit, would have been her role as Northern Ireland Secretary. The island of Ireland is considered to be at great risk from Brexit – both economically and politically. Some thought her position might become untenable if she campaigned for a Leave vote, but she remains in her post.

8 - Zac Goldsmith, Conservative MP and candidate for Mayor of London. (Mayoral election: 5 May 2016. EU referendum 23 June 2016). Mr Goldsmith's father, the astronomically wealthy Sir James, was a Eurosceptic, who founded the Referendum Party in the 1990s. So perhaps it is not surprising that Zac wants to leave the EU too. Backing Brexit has been a bold move, though. He ran to be Mayor of a left-leaning, Europhile city, just weeks before a vote on EU membership. The Labour winner Sadiq Khan was licking his lips.

9 - Gisela Stuart, Labour MP and co-chair Vote Leave. The German-born Ms Stuart is one of only a handful of pro-Brexit Labour politicians. A self-described "independent thinking" MP, she is overseeing the official

Leave campaign with the far more prominent Michael Gove.

10 - George Galloway, Respect Party leader. To say that Mr Galloway is a maverick would be a massive understatement. An angry champion of the hard left, Mr Galloway is a former Labour MP famous for his odd antics as a Celebrity Big Brother contestant and infamous for shaking hands with Saddam Hussein. He hates the EU for much the same reasons as Jeremy Corbyn, but unlike the Labour leader, he is free to back Brexit. He is so keen to leave the EU that he has been willing to share a stage with Nigel Farage at Leave campaign rallies.

***

THE REMAINERS – ARE THEY ACTUALLY UNITED?

The splits in the Leave camp are well documented. For months, the term Leave camps would have been more accurate, as the Brexiteers were organised in warring factions, locked in battle for the Electoral Commission's official designation. By contrast, the Remainers, their real enemy, did a much better job of presenting a united front.

There was always the one, unchallenged, Remain organisation – Britain Stronger in Europe.

But just as people have different reasons for wanting to leave the EU, people have different reasons for wanting to stay. Is the Remain campaign really as united as we have been led to believe?

Is the Remain camp really such a united front? Part 1: The Scottish National Party - quietly hoping for Brexit?

The Scottish National Party (SNP) is a left-wing, Europhile party which often likes to remind us – or perhaps overstate – how much more Europhile the Scottish people are than the Eurosceptic English.

In the upcoming EU referendum, the party ostensibly wants the same outcome – a Remain vote – as Prime Minister David Cameron. But the party's success has come on the back of building an anti-Conservative, anti-Westminster-establishment and anti-English sentiment in Scotland. SNP leader Nicola Sturgeon will avoid sharing a stage with David Cameron at all costs, and has even warned him against daring to venture north of the border during the campaign.[117] It would be political suicide for the SNP to allow itself to be seen working hand in hand with the UK's Conservative government. This is especially important at the

---

[117] https://www.holyrood.com/articles/news/nicola-sturgeon-urges-david-cameron-think-twice-about-entering-scottish-eu-referendum

moment, as the SNP has elections to fight on 5 May. The party will be looking to build upon its already strong grip over the Scottish Parliament, which it governs with an overall majority, despite a voting system which makes this difficult to achieve. For the next few months at least, David Cameron is an enemy, not an ally, even on issues where the SNP actually agree with him...

> ***Consider what the SNP got up to in the UK parliament in March 2016...***
>
> The government's attempt to liberalise Sunday trading laws was defeated in the House of Commons. The nearly 30 Conservative rebels did not help David Cameron, but neither did the SNP, who also voted against him.
>
> The vote applied to England and Wales only, but this did not stop the Scottish National Party from voting against the government and blocking its bill. If this wasn't already a step too far, consider this: The SNP has already passed a similar liberalisation of Sunday trading in the Scottish parliament.

You start to get an idea of how important it is to the Scottish Nationalists to oppose the UK government on anything and everything.

So being on the same side of the argument on the EU referendum is distinctly uncomfortable for them.

In fact, many in the SNP are eyeing Brexit as an opportunity to get closer to the real prize: Independence from the UK.

They may have only lost a referendum on this 18 months ago, but the issue has refused to go away, because the vote was so much closer than had been expected. In the event of Brexit, most commentators believe that [Europhile] Scotland would have the grounds to claim a fresh independence referendum, and that this would be granted. The consensus is that, this time, the SNP would emerge victorious. Indeed, the SNP would be aiming at an "open goal" according to some. [118] A poll this weekend says 53% of Scots would vote for independence in the event of Brexit.[119]

It would be far too obvious, and something of a turn-off to voters, if the SNP actually campaigned for Brexit. Just not arguing too loudly for a Remain vote might be a better bet: Quietly hope for Brexit and independence might just follow. Optimistic Nationalists believe that an independent Scotland would quickly gain EU membership.

Nicola Sturgeon is aware of this theory, and has been quick to reassure us that there is no such "Machiavellian" plot up her sleeve.[120] Although an independence referendum would

---

[118]http://www.theguardian.com/commentisfree/2016/jan/14/brexit-golden-opportunity-nicola-sturgeon-nightmare
[119] http://www.scotsman.com/news/politics/poll-scots-would-vote-for-independence-if-uk-votes-for-brexit-1-4066136
[120] http://news.sky.com/story/1659135/sturgeon-vows-to-battle-brexit-despite-poll

be much easier to win in the event of a Brexit, it would hardly be beneficial to Scotland if its nearest neighbour was no longer in the EU. What is more, the plunge in the price of oil over the last couple of years has left a £15bn black hole in Scotland's finances.[121] It is hard to argue the economic case for Scottish independence right now. Even for Ms Sturgeon, at the head of the Nationalist cause, independence next door to a non-EU England, with oil at rock bottom prices, cannot be an overwhelmingly attractive proposition. Far better to build support, as they plan to do this summer, bide their time and launch a new bid for independence when things are looking a little rosier.

Many SNP voters will vote tactically for Brexit – a poll last year found that almost a third were planning to do so.[122] A former leader of the party has openly admitted that he might vote to leave the EU if it brings Scottish independence closer.[123] But today's SNP leadership will not really be hoping for Brexit. As difficult as it may be to achieve, Ms Sturgeon would much rather forego the "open goal" of a quick and easily-winnable post-Brexit independence

---

[121] https://www.politicshome.com/economy-and-work/articles/story/nicola-sturgeon-says-scottish-economy-fundamentally-strong-despite-

[122] http://capx.co/brexit-could-split-the-snp-not-the-uk/

[123] http://uk.reuters.com/article/uk-britain-eu-scotland-idUKKCN0V51CT

referendum, and instead reach the Holy Grail of independence from a UK that was still in the EU.

Cracks in the hitherto bulletproof SNP machine could emerge during the EU referendum campaign between those who want a tactical Brexit for independence at all costs, and those who want the best of both worlds: an independent Scotland, but with a next-door neighbour that is still in the EU. Ms Sturgeon is a supremely gifted campaigner and will be confident that she can eventually deliver this best of both worlds option. Over the course of the next 100 days, Ms Sturgeon will not be hoping for Brexit, she will be hoping that her party stays united.

Until now, the SNP has been relatively quiet on Brexit. The Scottish parliamentary elections have forced domestic issues to take precedence. But once 5 May has come and gone, there will be seven weeks until EU referendum day. Expect them to maintain their distance from David Cameron, but expect them to bust the myth that they want Brexit. They will put forward their own positive case for staying in the EU, and seek to form a contrast with the "Project Fear" coming out of Westminster.

***

Is the Remain camp really such a united front? Part 2: will the labour leadership turn up and campaign?

As a rule, the Labour Party is supportive of the European Union and the so-called "European Project". Its MPs are almost unanimous in their support of Britain's continued EU membership. There are just a handful who are Eurosceptic, and even fewer who are actually backing Brexit, none of whom are big figures. Having recently been appointed Chair of Vote Leave, German-born Gisela Stuart is perhaps the most senior Labour Brexiteer, but she is certainly not a household name.

Awkwardly for the party though, its leader is actually one of its few Eurosceptics. Jeremy Corbyn, perhaps the most left-wing of Labour's 232 MPs, has said, with obvious reluctance, that he will campaign to stay in the EU.

It is no secret that Mr Corbyn dislikes Brussels. He is a socialist who regards the EU as an austerity-pushing, free-trade club. When he was a Labour councillor in the 1970s he voted No in the UK's referendum on whether to remain in the European Economic Community. He also opposed both the Maastricht and Lisbon Treaties and "supported calls for a referendum on Britain's EU membership in 2011".[124] One of the few areas in which he is supportive of the EU is its ability to rein in the capitalist excesses of the City of London.

Moreover, Mr Corbyn would be loath to campaign alongside Conservative Prime Minister David Cameron. This is especially the case in the spring of 2016, as the

---

[124] http://www.wsws.org/en/articles/2016/03/14/corb-m14.html

government unveils its latest Budget, involving significant spending cuts, and local elections take place on 5 May.

Far from being a supportive voice in the EU referendum, Mr Corbyn has been busy attacking the Prime Minister's renegotiation deal as a "missed opportunity" and a "theatrical sideshow".[125] The Labour leader wanted to see reforms improving workers' rights and ending austerity, certainly not curbs on benefits for migrants.

A few weeks ago, Mr Corbyn infuriated members of his party – not for the first time – by spurning the opportunity to speak at a Remain campaign event to instead talk at a Campaign for Nuclear Disarmament rally. While his nuclear stance is in line with many grassroots Labour members, it is very much at odds with his parliamentary colleagues.

The EU campaigning is being left to others to lead. Alan Johnson, a well-liked former postman and Home Secretary is leading the Labour In campaign. Mr Johnson is a popular and uniting figure who was urged to challenge the hapless Ed Miliband for the party leadership before the 2015 General Election, but he refused to do so.

Another prominent Labour figure campaigning for a Remain vote is Chuka Umunna. The MP for the London district of Streatham very briefly stood in last year's Labour leadership contest and is seen as a potential future Prime Minister. He

---

[125] http://www.bbc.com/news/uk-politics-eu-referendum-35606924

is on the opposite side of the party from Mr Corbyn. A former City lawyer, Mr Umunna is a centrist, who advocates Tony Blair's successful pro-business stance, which appealed to swathes of middle class voters and won him three successive elections. Like Mr Blair, he is also pro-European. He has described himself as a "modern European social democrat" and complained during the General Election that the debate was giving too little focus to international affairs.[126]

Is the Remain campaign suffering from Jeremy's lack of enthusiasm?

Both Mr Johnson and Mr Umunna are agreeable figures and able campaigners with moderate views. The fact that Jeremy Corbyn is not lending much of a helping hand to the Remain cause will therefore not be unduly worrying the Prime Minister. While Mr Corbyn does have a passionate following, particularly among students – he is often known as "JC" as he shares his initials with the Son of God – , most of the British people see him as more of a "weirdy beardy". Having Jeremy Corbyn properly on board would be unlikely to boost the Remain vote. If anything, his vocal support could prove a liability.

Don't expect Jeremy Corbyn to start banging the drum for Europe. It would be no surprise at all if, in the privacy of the

---

[126] http://www.theweek.co.uk/63681/chuka-umunna-pulls-out-of-labour-leadership-race

voting booth, he actually votes "Leave" on 23 June. He will most likely continue to keep a low profile, instead letting the likes of Alan Johnson and Chuka Umunna do the heavy lifting. David Cameron won't be too bothered by this.

***

THE ANGLOSPHERE: DESTINY OR FANTASY?

Barack Obama's recent trip to the UK kicked up a media storm in Britain. The President was not just crossing the Atlantic to wish the Queen a happy 90th birthday. He was on a mission to stop Britain voting for Brexit. While the Remainers were delighted to see Mr Obama, the Brexiteers were furious. He was about to slap down their vision of a glorious new chapter of Anglophone cooperation.

Boris on Barack

Before Air Force One had even landed, Boris Johnson added heat to the fire by commenting on the US President's "part-Kenyan" heritage in an article for the Sun. In what has been roundly condemned as a crude slur, the Mayor of London suggested that Mr Obama's Kenyan roots have left him with an "ancestral dislike of the British Empire". Mr Johnson, with his all-too-obvious lust for the Prime Minister's office, was left looking rather foolish by the far more statesmanlike US President, who did not stoop so low as to even respond directly to the jibe. Nigel Farage, on the other hand, was content to repeat the "part-Kenyan" line himself.

Barack on Brexit

Before speaking out on the referendum, the President wrote an article for the Daily Telegraph, perhaps Britain's most Eurosceptic high-brow newspaper. "As your friend, let me say that the EU makes Britain even greater", ran his headline. He did much to massage the patriotic, conservative types toying with a Leave vote, mentioning the hotly-debated "special relationship", and talking of how "the US and the world need your outsized influence to continue". Beyond this, Mr Obama also took a positive line, which has hardly been used in the Brexit debate in Britain. "The EU has helped spread British values and practices...The EU doesn't moderate British influence – it magnifies it". This argument, namely that the EU has been very much shaped by Britain rather than the other way around has yet to be really explored in the campaign.

It was at a press conference later in the day, that the President really let loose. A central pillar of the case for Brexit is the idea that Britain can leave the inefficient, lumbering EU and join up with our more natural partners of the Anglosphere: the US, Canada, Australia and the Commonwealth. Finally we would embrace our destiny and work with people who are on our wavelength.

Mr Obama did his utmost to portray this as mere fantasy. He did not just chip away at it, he smashed it to pieces. And he did so with one peculiarly British, understated phrase:

"back of the queue". That's where post-Brexit Britain would find itself when looking for a trade deal with the Americans.

The reaction to the President's words was divided into three camps. Those that took offence, those that said "I told you so" and those that were obsessed with the use of the British word "queue", rather than the American "line".

Back of the ~~line~~ queue

Twitter was abuzz with suspicion and intrigue about this. Why did Mr Obama not say "line"? Was he pandering to a British audience? Had a Brit written his speech for him? The Washington Post took it upon itself to investigate properly.[127] Its conclusion: this was not actually an isolated incident. Mr Obama seems to have a penchant for using British-English, having previously been heard saying phrases such as "full stop", "run to ground" and "take a decision". Ironically, after the Boris Johnson furore, the paper reckons that the British-English spoken by his Kenyan father may explain Mr Obama's un-American turn of phrase.

How dare he!

The pro-Brexit voices in the British press were incensed by the intervention. The Daily Express accused "interfering

---

[127]https://www.washingtonpost.com/news/worldviews/wp/2016/04/23/queue-obamas-use-of-british-english-makes-brits-suspicious/

Barack Obama" of trying to "blackmail" Britain.[128] Much of this anger stems from the fact that President Obama is an overwhelmingly popular and respected figure in the UK. The Brexiteers knew that his words would only help the Remain cause.

The Daily Telegraph took offence at what Mr Obama said.[129] "By relegating the UK to the back of the queue, Obama has belittled Britain's military sacrifices". The newspaper was angered by the "hardly gracious" President taking the UK for granted once again. His neutral stance on the Falklands is one of the few things that irks the British people, and the paper was keen to remind us of it. It lamented the President's "dismissive" tone and the fact that he doesn't see Britain as any more special than the next "tinpot nation". The Telegraph did take solace in one thing though. By the time Brexit comes to pass, "he'll no longer be in office anyway". The paper thought Mr Obama's intervention would be more likely to backfire than succeed.

Yes he can!

Advocates of a Remain vote insisted that the President had every right to speak his mind on Brexit. For the Guardian's Jonathan Freedland this was "obvious", as Mr Obama "and the country he leads have been invoked as central to the

---

[128] http://www.express.co.uk/news/politics/664369/Barack-Obama-Brexit-EU-referendum-Americans-Steven-Woofle-Ukip
[129] http://www.telegraph.co.uk/news/2016/04/25/in-relegating-us-to-the-back-of-queue-obama-has-belittled-britai/

alternative utopia that awaits us on a Brexit". Mr Obama was in the perfect position to "burst the bubble" of a better future out of Europe.[130]

According to Gideon Rachman of the Financial Times, the crucial point is that Mr Obama is America's first "Pacific President".[131] His "pivot to Asia" has never been a secret: even "TTIP is not at the front of the queue" – The Trans-Pacific Partnership is. It is not just President Obama who is focusing on Asia, rather than the Anglosphere or the Atlantic, either. President Clinton, should she be elected, will continue down the same path, having talked previously of "America's Pacific Century". The other Anglosphere powers, Canada and Australia conduct ever more business with Asia than with the UK, and even David Cameron's government has had a habit of prioritising China over US relations. It is all too obvious, that this idea of an Anglosphere is at an end.

The Remainers get the boost they were hoping for

In all, the Obama visit was a boost for the Remain campaign. This, they hope, was the moment wavering voters would wake up and smell the coffee. Of course the Anglosphere sounds great, but it just isn't going to happen, they say. Furthermore, it is becoming all-too obvious that the only

---

[130]http://www.theguardian.com/commentisfree/2016/apr/22/barack-obama-crush-brexit-fantasy-eu-referendum

[131] https://next.ft.com/content/9d285120-088d-11e6-a623-b84d06a39ec2

world leader backing Brexit is Vladimir Putin.[132] The Leave camp spent the week on the defensive, forced into damage limitation mode after Boris put his foot in it. Their anger that the US President waded across the Pond to lecture the British people raises awkward questions. The Brexiteers don't like the EU. That much we do know. But aren't they supposed to like America? What about the Anglosphere?

---

[132] http://www.economist.com/news/britain/21697251-britains-eu-referendum-nears-barack-obama-joins-remain-campaign-more-special-europe

KONSEQUENZEN & ALTERNATIVEN

WIE TRITT MAN ÜBERHAUPT AUS DER EU AUS? Gérard Bökenkamp | 1 März 2016

Am 23. Juni stimmen die Briten in einem Referendum über die Mitgliedschaft in der Europäischen Union ab. Bislang spricht vieles dafür, dass sich die britischen Wähler am Ende für einen Verbleib in der EU entscheiden werden. Aber eine Entscheidung für den Brexit ist keineswegs ausgeschlossen. Darum stellt sich die Frage, wie sich ein Austritt aus der EU konkret gestalten würde.[133] Da die Entscheidung näher

---

[133] http://openeurope.org.uk/today/blog/the-mechanics-of-leaving-the-eu-explaining-article-50/

rückt, nimmt die Debatte über die Alternative zur EU-Mitgliedschaft in Großbritannien an Schärfe zu.

Der Austritt erscheint vielen als ein Sprung ins Dunkle, da am Tag der Entscheidung nicht voraussagbar ist, wie die Voraussetzungen für Großbritannien nach einem Brexit sein werden. Deshalb haben einige schon die Idee eines zweiten Referendums ins Spiel gebracht, für den Fall, dass die Verhandlungen mit der EU zu ungünstigen Ergebnissen führen werden. Ein solches zweites Referendum ist aber nach Lage der Dinge wohl so gut wie ausgeschlossen.

Die Einzelheiten des Austritts regelt ein Abkommen

Nach den EU–Verträgen (Art. 50 EUV) hat jeder Mitgliedstaat das Recht, „im Einklang mit seinen verfassungsrechtlichen Vorschriften", den Austritt aus der Europäischen Union zu beschließen.[134] Nach dem dieser Beschluss dem europäischen Rat mitgeteilt wurde, soll ein Abkommen ausgehandelt werden, in dem die Einzelheiten des Austritts bestimmt werden. Der Europäische Rat, bestehend aus den Regierungschefs der Mitgliedstaaten, ermächtigt dann die EU-Kommission mit den Verhandlungen und legt die Verhandlungslinien fest, denen die Kommission folgen muss.

Die EU-Gesetzgebung findet keine Anwendung mehr auf das Austrittsland, wenn das Abkommen in Kraft getreten ist

---

[134] https://dejure.org/gesetze/EU/50.html

oder wenn zwei Jahre seit der Austrittserklärung verstrichen sind. Es sei denn der Europäische Rat beschließt im Einvernehmen mit dem austrittswilligen Land eine Verlängerung der Frist. Solange das Abkommen nicht in Kraft getreten ist oder die zweijährige (oder verlängerte) Frist verstrichen ist, gelten für Großbritannien weiterhin alle Gesetze und Regelungen der EU. Großbritannien ist aber aus allen internen Diskussionen und Beschlüsse ausgeschlossen, die seinen Austritt betreffen.

Die Verabschiedung des Austrittsabkommens selbst könnte sich aufwendig gestalten

Das Abkommen muss mit einer qualifizierten Mehrheit des Europäischen Rats beschlossen werden. Das Europäische Parlament muss dem Abkommen ebenfalls zu stimmen. Da das Abkommen über die zukünftigen Beziehungen zwischen Großbritannien und der EU viele Politikbereiche umfassen wird, muss es wahrscheinlich von EU- Seite als „gemischtes Abkommen" verabschiedet werden. Ein „gemischtes Abkommen" ist ein Abkommen, das sowohl die europäische als auch die nationale Ebene betrifft. Das bedeutet, dass nicht nur der Europäische Rat und das Europäische Parlament zustimmen müssen, sondern auch die Parlamente der Mitgliedstaaten.

Das größte Risiko für die Verhandlungen

Für Großbritannien wäre ein Verhandlungsergebnis optimal, das den Briten weiterhin Zugang zum europäischen

Binnenmarkt einräumt, mit gewissen Rechten auf Mitbestimmung, aber ihnen die volle Kontrolle über die Migration belässt. Ein solcher Status ist bislang weder Norwegen, noch der Schweiz gewährt worden. Ein Risiko besteht darin, dass Großbritanniens Zugang zum europäischen Binnenmarkt behindert werden könnte. Um die Wahrscheinlichkeit einer so protektionistischen Maßnahme zu beurteilen, muss man bedenken, dass das Abkommen vom Europäischen Rat verabschiedet werden muss, der bereits mit einer neuen qualifizierten Mehrheit ohne Großbritannien entscheidet. Ohne Großbritannien verschieben sich die Mehrheitsverhältnisse im Rat auf Kosten des Freihandels zu Gunsten des Protektionismus.

Sofortiger Austritt ohne Verhandlungen?

Großbritannien könnte auch einseitig aus der EU austreten. Das beschriebene Verfahren ist für die EU verbindlich, nicht jedoch für den austretenden Mitgliedsstaat. In diesem Fall würde es keine Übergangsfrist von zwei Jahren geben. Sämtliche Regelungen und Abkommen, die durch die Mitgliedschaft in der EU Gültigkeit besitzen, würden sofort wegfallen. Das würde zu einer erheblichen Rechtsunsicherheit und negativen wirtschaftlichen Konsequenzen führen. Bis die Beziehungen neu verhandelt wären, gäbe es keine Übergangsphase und die Verhandlungsposition von Großbritannien würde sich dadurch verschlechtern, da ein solch einseitiger Austritt wohl von der EU als unfreundlicher Akt angesehen werden würde.

Verhandlungen schon vor dem Verfahren?

Die zweite Alternative, die zu diesem Verfahren diskutiert wird, besteht darin, den Beschluss zum Austritt dem Europäischen Rat nicht sofort nach dem Referendum mitzuteilen. Der Artikel 50 tritt erst in Kraft, wenn der Austrittswunsch dem Rat mitgeteilt wurde. Rein rechtlich ist das Referendum allein nicht verbindlich. Das würde der Regierung theoretisch die Möglichkeit geben, über den Austritt Großbritanniens zu verhandeln, bevor das Verfahren offiziell in Bewegung gesetzt wird. Damit würde die Regierung Zeit gewinnen. Allerdings müssten sich dazu die anderen EU-Mitgliedsstaaten erst einmal bereit finden, was nach der Lage der Dinge extrem unwahrscheinlich ist.

Kein zweites Referendum

Beide Varianten hat David Cameron bereits ausgeschlossen und auch klar gemacht, dass es auch ein zweites Referendum über das Ergebnis der Verhandlungen nicht geben wird.[135] Es wurden Stimmen laut, die das Ergebnis der Verhandlungen noch einmal zur Abstimmung stellen wollten. Cameron strich aber heraus, dass die Entscheidung für das Verlassung der EU definitiv sei und der

---

135 http://www.publications.parliament.uk/pa/cm201516/cmhansrd/cm160222/debtext/160222-0001.htm#column_21

Austritt nach dem im Artikel 50 festgelegten Verfahren stattfinden werde. Das hat inzwischen auch Camerons parteiinterner Gegner in der Frage des Brexit Boris Johnson eingeräumt.[136] Ein „out" bedeute tatsächlich ein „out". Ein zweites Referendum werde es nach einer Entscheidung für den Brexit durch den Wähler nicht mehr geben.

Fazit:

- Nach der Entscheidung für den Brexit würde es kein zweites Referendum über Ergebnis der Austrittsverhandlungen mit der EU mehr geben.
- Das Abkommen zwischen Großbritannien und der EU muss innerhalb von zwei Jahren ausgehandelt werden.
- Über das Abkommen entscheidet der Europäische Rat, das Europaparlament und wahrscheinlich auch die Parlamente der Mitgliedstaaten.
- Der Europäische Rat entscheidet darüber mit qualifizierter Mehrheit.
- Ohne Großbritannien wird die Mehrheit im Rat eher zum Protektionismus neigen.

[136] http://www.bbc.com/news/uk-politics-eu-referendum-35675348

PLAN B: SOLLTE DAVID CAMERON EINEN POST-BREXIT ALTERNATIVPLAN VORLEGEN? Raoul Ruparel & Michael Wohlgemuth | 13 Jan 2016

Am letzten Sonntag sagte David Cameron auf BBC, dass seine Regierung an keinem konkreten Brexit-Notfallplan arbeite – also einem Plan B, der darlegen würde, was nach einem „Brexit" mit Großbritannien außerhalb der EU werden sollte.[137] Das hat zu heftigen Reaktionen geführt. Der ehemalige konservative Europaminister David Davis sagte etwa:

> *„Departure is not difficult, but it is complicated. We should be getting on with this now. Let's be pessimistic and say there's a one in three chance of us leaving — that is still a big contingency, so it is nothing short of irresponsible not to have done any preparation. How on earth can you assess whether Brexit is right or wrong unless you assess how you would do it?"*[138]

Davis trifft einen wichtigen Punkt. Um eine informierte Entscheidung über den Austritt aus der EU treffen zu können, muss man die „Opportunitätskosten" des Verbleibs zumindest abschätzen können. Man muss wissen oder

---

[137] http://www.bbc.com/news/uk-politics-eu-referendum-35275297

[138] http://openeurope.org.uk/daily-shakeup/david-cameron-says-he-will-stay-on-as-prime-minister-in-event-of-brexit-vote/

zumindest ahnen können, was aus dem Land danach werden soll und was die Regierung danach anstreben will.

Bei genauerer Betrachtung sind die Dinge freilich komplexer als man denken könnte.

Welche Informationen muss die Regierung vor dem Referendum veröffentlichen?

Gemäß dem "European Referendum Act 2015" muss die britische Regierung folgende Dokumente mindestens zehn Wochen vor Abhalten des Referendums veröffentlichen:

- Eine Erklärung darüber, was mit der EU und den Mitgliedstaaten im Hinblick auf die Reformvorschläge von Cameron vereinbart wurde.[139]
- Eine Stellungnahme der Regierung zu diesen Vereinbarungen.
- Informationen über die wesentlichen Rechte und Pflichten, die sich nach EU-Recht aus der Mitgliedschaft Großbritanniens ergeben.
- Erläuterungen zu Ländern, die der EU nicht angehören, aber über andere Arrangements mit der EU verfügen.

---

[139] http://www.openeuropeberlin.de/david-camerons-brief-an-donald-tusk-eu-reform-wird-etwas-konkreter-von-michael-wohlgemuth/

Letztere Information dürfte die Alternativen zur EU-Mitgliedschaft und damit auch die Folgen eines Brexit illustrieren; sie ist aber kein „Plan B", zu dem sich die Regierung verpflichten würde.

Das heißt nicht, dass die Regierung nicht über einen Plan B nachdenken würde. Wir kennen das von der Diskussion über den Austritt aus der Eurozone. Auch hier gab es in Athen, Berlin, Frankfurt und selbst London konkrete Notfallpläne. Nur hat man diese Pläne nicht veröffentlicht, um die Finanzmärkte und Bürger nicht zu verunsichern. Ähnliches könnte auch für die Brexit-Pläne gelten.

Welcher Plan soll es denn sein?

Es gibt post-Brexit bekanntlich eine ganze Reihe von Alternativmodellen[140]: das Schweizer Modell, das Norwegische Modell, das Türkische, oder eben etwas ganz Eigenes. Welchen soll die britische Regierung vorlegen? Und: kann sich die momentane Regierung darauf festlegen? Zwar hat Cameron am Sonntag erklärt, er wolle auch nach einem „Brexit" (den er ja genau durch EU-Reformen verhindern will) Premierminister bleiben. Es ist aber nicht ausgemacht, ob er es politisch übersteht, ein derart wichtiges Referendum zu verlieren. Eine neu zusammengesetzte konservative Regierung könnte auch

[140] http://blog.openeuropeberlin.de/2015/04/grobritannien-hat-die-wahl-teil-2-von-4.html

einen anderen Plan B favorisieren und sich nicht an vorherige Festlegungen gebunden fühlen.

Schließlich dürfte sich auch erst im Verlauf der Debatte um die Mitgliedschaft in der EU zeigen, aus welchen Gründen die Wähler möglicherweise die EU verlassen wollen und was sie sich von einem Leben außerhalb der EU wünschen und erhoffen. Ein post-Brexit Plan sollte diese Wählerpräferenzen dann auch berücksichtigen, wie gerade die Befürworter des Brexit oft betonen. Diese sollten auch bedenken, ob sie wirklich der Regierung die Darstellung der Alternative zur EU-Mitgliedschaft und damit das „framing" der Opportunitätskosten überlassen wollen.

Kurzum: es fällt schwer, sich vorzustellen, wie die britische Regierung sich vorab auf einen konkreten „Plan B" festlegen sollte.

Alternativen entscheiden

Daher erscheint es ein wenig scheinheilig, wenn gerade Kritiker von Cameron und Brexit-Befürworter nun fordern, er solle endlich einen „Plan B" offenlegen. Zunächst einmal steht derjenige, der gegen die EU-Mitgliedschaft ist, in der Pflicht zu sagen, wofür er an deren Stelle ist. Und hier ist das Brexit-Lager auch überaus uneinig – was sich schon daran erkennen lässt, dass es mit „Leave EU" (vor allem UKIP-unterstützt) und „Vote Leave" zwei konkurrierende offizielle Kampagnen gibt (Für den Verbleib ist die offizielle Kampagne „Britain Stronger in Europe").

Noch haben beide Lager wesentliche Fragen nicht beantwortet bzw. bewusst offen gelassen.[141] Noch (wohl bis zum EU-Rat am 18. Februar und darüber hinaus bis März) ist nicht klar, was „in" bedeuten wird – da erst dann grob feststehen wird, welches Entgegenkommen David Cameron im Bereich der EU-Reform mit welcher Verbindlichkeit wird erreichen können. Erst dann kann die Debatte über Vor- und Nachteile der EU-Mitgliedschaft sinnvoll beginnen. Und dann müssen beide Lager auch darlegen, was „out" bedeutet: wie das Leben außerhalb der EU aussehen könnte und sollte. Open Europe hat hierzu einige Szenarien durchgerechnet, die zur Versachlichung der Debatte beitragen könnten.[142]

Noch hat die Debatte in Großbritannien zum „in/out Referendum" die breite Bevölkerung gar nicht erreicht. Noch ist schließlich nicht einmal der Termin festgelegt. Die vielen Umfragen, die zum Thema „Brexit" jede Woche veröffentlicht werden, sind deshalb auch noch mit Vorsicht, wenn auch nicht mit Gelassenheit zu wahrzunehmen. Sie geben eher wider, was leidlich interessierte und informierte Briten derzeit über die EU denken. Das wird sich ändern,

---

[141] http://openeurope.org.uk/intelligence/britain-and-the-eu/open-europe-poses-ten-questions-for-the-eu-referendum-remain-and-leave-campaigns/

[142] http://openeurope.org.uk/intelligence/britain-and-the-eu/what-if-there-were-a-brexit/

sobald ernsthaft diskutiert wird – auch über Alternativen zur EU-Mitgliedschaft.

Ähnlich wie die Schotten bei ihrem „Exit"-Referendum dürften am Ende die Briten wissen wollen, was denn danach kommen kann und soll.[143] Viele werden zwar nicht mögen, was „remain" bedeutet; aber die Unsicherheiten darüber, was „leave" bedeutet, könnten sie aus Gründen pragmatischer Risikoscheu (vorerst) für den status quo stimmen lassen. Dies wohl umso mehr, je mehr über die möglichen Alternativen debattiert wird.

***

IM FALLE DES BREXIT (1.TEIL) : VORBILD NORWEGEN, SCHWEIZ ODER KANADA? Gérard Bökenkamp | 16 Feb 2016

Die Entscheidung über die Mitgliedschaft Großbritanniens in der EU rückt näher. Es ist wahrscheinlich, dass schon in diesem Jahr im Vereinigten Königreich über die Mitgliedschaft in der EU abgestimmt wird. Premierminister David Cameron versucht bis dahin Reformen durchzusetzen, die ihm gute Argumente für den Verbleib der Briten in der EU geben. Doch selbst wenn Cameron diesen Erfolg erzielt, ist das natürlich noch keine Garantie für ein positives Votum durch den britischen Wähler. Die Europäische Union befindet sich in einer Krise. Die Eurokrise

---

[143] http://blog.openeuropeberlin.de/2014/09/nach-dem-schottischen-no-wird-in-oder.html

ist noch längst nicht ausgestanden, die Flüchtlingskrise entzweit die EU und zeigt bisher die Handlungsunfähigkeit der Gemeinschaft. Der Ausgang des Referendums wird also auch davon abhängen, welches Bild die EU in den kommenden Monaten abgeben wird. Auch wenn alles getan werden sollte, was notwendig ist, um Großbritannien in der EU zu halten, ist es doch nie falsch, sich mit einem Plan B zu befassen. Was sind die Optionen für den Fall, sollten die Britischen Wähler bei dem Referendum für das Verlassen der EU stimmen?

Norwegen, Schweiz oder Kanada?

Eine Möglichkeit für Großbritannien, sein Verhältnis nach einem Austritt zur Europäischen Union neu zu bestimmten, wäre dem Europäischen Wirtschaftsraum beizutreten, dem auch Norwegen angehört. Eine andere Möglichkeit bestünde darin, eine Reihe bilaterale Abkommen mit der Europäischen Union zu schließen, wie es die Schweizer getan haben. Die dritte Möglichkeit wäre ein großes Freihandelsabkommen, in dem die Handelsbeziehungen grundsätzlich geregelt sind. Ein Vorbild dafür könnte das CETA-Abkommen sein, das mit Kanada ausgehandelt wurde.

Der Europäische Wirtschaftsraum

Der Europäische Wirtschaftsraum ist eine vertiefte Freihandelszone zwischen der EFTA und der EU. Dieser umfasst 31 Staaten, darunter die EFTA-Staaten Norwegen,

Island und Liechtenstein und die Staaten der EU. Norwegen hatte sich vier Mal um die Mitgliedschaft in der EU beworben, doch hatten die norwegischen Wähler in zwei Referenden 1972 und 1994 dagegen gestimmt. Die Schweiz war dem Europäischen Wirtschaftsraum nicht beigetraten, sondern hatte eigene bilaterale Abkommen ausgehandelt.

Bei einer Mitgliedschaft im Europäischen Wirtschaftsraum wären die ökonomischen Auswirkungen eines Brexit wohl am geringsten, allerdings würden sich die Gewinne an Souveränität und Selbstbestimmung, die den Befürwortern des Brexit wichtig sind, in Grenzen halten. Großbritannien behielte den Zugang zum europäischen Binnenmarkt, der größte Teil des EU-Rechts bliebe wie bisher verbindlich. Von den hundert teuersten Regelungen, die insgesamt Kosten von 33,3 Milliarden Britischen Pfund für die Volkswirtschaft bedeuten, blieben 93 auch nach dem Austritt bestehen. Die Personenfreizügigkeit bliebe ebenfalls erhalten. Das heißt auch in Fragen der Migration würde sich nicht viel ändern.

Großbritannien würde zwar in den Bereichen Fischerei und Landwirtschaft unabhängig werden und könnte auch unabhängig von der EU Freihandelsabkommen aushandeln, dafür hätte es aber keine Stimme im Ministerrat mehr, würde seine Vetorechte verlieren, hätte keine Mitglieder im Europaparlament mehr, keine EU-Kommissare und keine Richter mehr am Europäischen Gerichtshof. Der Möglichkeit als Mitglied des Europäischen Wirtschaftsraums Entscheidungen der EU aufzuhalten, sind klare Grenzen gesetzt. Großbritannien müsste außerdem zuerst erneut der EFTA beitreten. Ein Beitritt Großbritanniens zur EFTA würde dieser ein ganz neues politisches Gewicht verleihen und auch die Balance innerhalb der EFTA völlig verändern. Deshalb ist nicht klar, ob ein solcher Beitritt schnell ausgehandelt werden könnte und von den EFTA-Staaten gewünscht wäre.

Das Vorbild Schweiz

Die Schweiz ist dem Europäischen Wirtschaftsraum nicht beigetreten, obwohl auch sie der EFTA angehört. Ihr Verhältnis zur EU beruht auf einer Reihe bilateraler Abkommen. In diesen Abkommen hat die Schweiz den Zugang zu wichtigen Teilen des Binnenmarktes ausgehandelt und im Gegenzug viele Regulierungen und Vorschriften der EU übernommen. Exportgüter können tariffrei in die EU exportiert werden. Das gilt jedoch nicht im selben Maße für Dienstleistungen. Besonders gravierend ist aus Britischer Sicht, dass die Schweiz kein Abkommen über Finanzdienstleistungen unterzeichnet hat. Denn gerade der Finanzsektor ist für das Vereinigte Königreich sehr wichtig. Wie Norwegen und die EFTA-Staaten hat auch die Schweiz die Personenfreizügigkeit akzeptiert. Diese gilt auch nach der Annahme der Schweizer Volksinitiative „Gegen Masseneinwanderung" von 2014 noch.

Kanada+

Der ehemalige britische Schatzkanzler Lord Norman Lamont brachte bei dem Europaplanspiel von Open Europe die Idee eines weitreichenden Freihandelsabkommen in Spiel. Als Grundmodell sah er weder Norwegen noch die Schweiz an, sondern CETA, das Freihandelsabkommen zwischen der EU und Kanada. Im Freihandelsabkommen wurde mit Kanada vereinbart, alle Zölle auf Güter und Agrarprodukte entfallen zu lassen und viele außertarifliche Handelshindernisse abzuschaffen. Bei Bewerbungen um öffentliche Aufträge sollen kanadische und europäische Unternehmen gleich behandelt werden. Berufliche Qualifikationen sollen gegenseitig anerkannt werden. Um Investitionen abzusichern, hat man sich auf Investitionsschutzabkommen geeinigt. Lord Lamont schlug er eine Art „Kanada+"-Vereinbarung vor, die auch grenzüberschreitende Dienstleistungen wie Finanzdienstleistungen umfassen würde. Im Gegenzug könnte EU-Bürgern bevorzugten Zugang zum britischen Arbeitsmarkt gewährt werden und Großbritannien könnte sich dafür auch bereitfinden, auch einen Beitrag zum EU-Budget leisten.

***

IM FALLE DES BREXIT (2.TEIL): EINE PRIVILEGIERTE PARTNERSCHAFT FÜR GROSSBRITANNIEN? Gérard Bökenkamp | 17 Feb 2016

Im Falle eines Brexit müsste das Verhältnis Großbritanniens zur Europäischen Union grundsätzlich neu bestimmt werden. Neben den im letzten Beitrag aufgeführten Modellen gibt es noch das Konzept der „Privilegierten Partnerschaft", das von deutscher Seite der Türkei als Alternative zur Vollmitgliedschaft angeboten wurde.[144] Dieses Konzept könnte für Großbritannien und die EU nach einer Entscheidung für einen Brexit durchaus interessant sein. Eine Privilegierte Partnerschaft würde nach den vorliegenden Vorschlägen eine Freihandelszone umfassen, die über die bisherige Zollunion mit der Türkei hinausgeht und fast alle Freiheiten mit Ausnahme der Personenfreizügigkeit umfassen würde. Darüber hinaus sind in diesem Konzept enge politische Kooperationen in Bereichen wie Umweltschutz, Unternehmensförderung und der Außen- und Sicherheitspolitik vorgesehen. Möglich wäre auch ein Beobachter- und Beraterstatus in den Gremien und bei der Entscheidungsfindung innerhalb der EU.

---

[144]http://www.europarl.europa.eu/brussels/website/media/Lexikon/Pdf/Privileg_Partnerschaft.pdf

Was die Türkei und Großbritannien gemeinsam haben

Die Türkei ist ein Land, das seit Jahrzehnten die Mitgliedschaft in der Gemeinschaft anstrebt, aber wegen seiner inneren Verfassung auf erhebliche Vorbehalte innerhalb der EU stößt. Großbritannien ist nun seit Jahrzehnten Mitglied der EU, könnte aber das erste Land sein, das nach dem Referendum aus der EU austritt. In beiden Fällen ginge es darum, stabile wirtschaftliche Beziehungen und eine enge politische Kooperation unterhalb des Status der Vollmitgliedschaft zu gewährleisten. Beide Länder haben starke Bindungen außerhalb Europas und erfüllen damit eine Brückenfunktion. Großbritannien besitzt starke Bindungen zur USA und zum Commonwealth und die Türkei in die islamische Welt. Beide Staaten sind NATO-Mitglieder, starke Militärmächte und wichtige Pfeiler der westlichen Sicherheitspolitik.

Die Aufwertung der Privilegierten Partnerschaft für die Türkei

Das Angebot der Privilegierten Partnerschaft ist von der Türkei bisher vehement zurückgewiesen worden, weil man sich damit als Partner zweiter Klasse herabgestuft fühlt. Diese Sichtweise könnte sich aber ändern, wenn nach einem Brexit Großbritannien einen solchen Status erhalten würde. Würde Großbritannien den Status einer Privilegierten Partnerschaft erhalten, würde dieser erheblich aufgewertet. Denselben Status zu besitzen wie Großbritannien wäre für die Regierung in Ankara symbolisch und politisch eine

Anerkennung ihrer politischen Bedeutsamkeit. Der Behauptung, es handle sich bei der Privilegierten Partnerschaft um eine diskriminierende Maßnahme gegenüber einem muslimischen Land wäre die Grundlage entzogen, wenn mit Großbritannien ein westeuropäisches Land diesen Status erhielte. Auch für andere Nachbarstaaten wie Norwegen, die Ukraine könnte eine Privilegierte Partnerschaft langfristig interessant sein. Der Status könnte allen Anrainerstaaten gewährt werden, die enge Bindungen zur EU anstreben, aber keine Vollmitgliedschaft wollen oder erreichen können.

Die Vorteile für Großbritannien und die EU nach einem Brexit

Großbritanniens Vorteil wäre, dass der Zugang zum europäischen Binnenmarkt bestehen bleiben würde. Großbritannien wäre in Europa nicht isoliert, sondern bliebe über Kooperationen eng an die EU angebunden. Alle Freiheiten außer der Personenfreizügigkeit wären gewährleistet. Damit wäre Großbritannien in dem Bereich souverän, der nach Umfragen die Mehrheit der Briten am stärksten umtreibt. Viele Staaten der EU stehen auch der Personenfreizügigkeit zwischen der EU und der Türkei skeptisch gegenüber. Diesen Bedenken würde also in dem Modell entsprochen. Die Möglichkeit, sich gegenseitig bevorzugten Zugang zum Arbeitsmarkt einzuräumen, bliebe aber erhalten.

Der Vorteil für die Europäische Union wäre, dass sich neben der Neubestimmung des Verhältnisses zu Großbritannien auch eine Möglichkeit bieten würde, das Verhältnis zur Türkei abschließend zu regeln. Die Aushandlung einer Privilegierten Partnerschaft mit Großbritannien könnte nicht nur für die Beziehungen zur Türkei als Modell dienen, sondern auch die Blaupause für Beziehungen zu andern Nachbarstaaten wie der Ukraine oder Norwegen abgeben. Durch die enge Kooperation mit Großbritannien und der Türkei in der Außen- und Sicherheitspolitik könnte die EU dem internationalen Bedeutungsverlust entgegenwirken, der mit einem Austritt Großbritanniens aus der EU verbunden wäre.

Fazit:

Im Falle eines Brexit wäre eine Privilegierte Partnerschaft wohl das Modell, das den Wünschen Großbritanniens am ehesten entsprechen und den Bedeutungsverlust der EU verhindern könnte. Sie würde nicht nur den Freihandel schützen, sondern auch den außen- und sicherheitspolitischen Aspekt mit einschließen. Dieser Status könnte dann auch für andere Nachbarstaaten wie der Türkei, Norwegen oder der Ukraine interessant sein. Es könnte ein Europa verschiedener Ringe entstehen, wobei Privilegierte Partnerschaften den äußeren Ring der Gemeinschaft markieren würden. Diese Staaten im äußeren Ring würden zugleich eine Brückenfunktion in andere Weltregionen darstellen.

MEHR FREIHANDEL NACH EINEM AUSTRITT? Gérard Bökenkamp | 21 März 2016

Es ist noch nicht klar, wie genau die Alternative zur EU-Mitgliedschaft aussehen würde, wenn die Briten am 23. Juni 2016 über den Verbleib in der EU abstimmen. Diese Unsicherheit darüber, wie das Verhältnis zur EU nach den vorgesehenen zweijährigen Austrittsverhandlungen nach der Entscheidung für einen Brexit aussehen würde, ist eines der starken Argumente gegen den Brexit.[145] Wer wagt schon gern den Sprung ins Ungewisse? Darum hängen die Chancen für das Lager der Brexit-Befürworter, mit ihren Austrittsbestrebungen erfolgreich zu sein, ganz wesentlich davon ab, ob sie eine Alternative aufzeigen können, die eine Verbesserung gegenüber dem Ist-Zustand verspricht und eine gewisse Wahrscheinlichkeit besitzt, auch bei Verhandlungen mit der EU durchsetzbar zu sein.

Die Schweiz, Norwegen und die EU

Für den Fall eines Austritts werden oft Norwegen und die Schweiz als mögliche Vorbilder herangezogen. Norwegen ist Teil des Europäischen Wirtschaftsraums und die Schweiz besitzt über bilaterale Verträge einen privilegierten Zugang zum europäischen Binnenmarkt. Beide Modelle stoßen bei vielen Brexit-Befürwortern auf Ablehnung, weil der Souveränitätsgewinn in diesem Fall begrenzt ist. Beide

---

145 http://www.openeuropeberlin.de/brexit-nach-dem-referendum-sind-die-wuerfel-gefallen-von-gerard-boekenkamp/

Staaten müssen einen Großteil der Bestimmungen der EU übernehmen, ohne selbst auf die Beschlüsse der EU Einfluss nehmen zu können. Auch in der Frage der Personenfreizügigkeit bliebe fast alles beim Alten. Sowohl die Schweiz als auch Norwegen besitzen allerdings die Freiheit eigene Freihandelsabkommen ohne die EU auszuhandeln. Im Bereich der Handelspolitik bedeutet also die Übernahme des Modells Norwegens oder der Schweiz einen deutlichen Zugewinn an Eigenständigkeit.

Das Schweizer Modell als Vorbild für Großbritannien?

Das ist ein Grund, warum der Oxford-Historiker Jonathan Lindsell das Schweizer Modell als Vorbild für Großbritannien ansieht. Die Lage der Schweiz sei mit der Großbritanniens durchaus vergleichbar, da beide Staaten über einen starken Finanz- und Dienstleistungssektor verfügen. Die Exportprofile der Schweiz und Großbritanniens seien sich ähnlich. In seiner Studie „Lessons From Switzerland" aus dem Jahr 2015 versucht er den Beweis anzutreten, dass Großbritannien außerhalb der EU größere Chancen für den Abschluss von Freihandelsabkommen hätte als in der EU. Auf jeden Fall solange Großbritannien den Zugang zum europäischen Binnenmarkt behalte. Der privilegierte Zugang zum europäischen Binnenmarkt mache die Schweiz für Investoren und Handelspartner interessant. In der Studie untersucht er die Freihandelsabkommen der Schweiz, vor allem das Zustandekommen und die Auswirkungen des Freihandelsabkommens zwischen der Schweiz und Japan.

Erfolgreiche Bilanz der Schweiz

Lindsell kommt zu dem Ergebnis, dass es für einen einzelnen Staat mit klar umrissenen Interessen einfacher sei, sich mit anderen Staaten auf Freihandelsabkommen zu einigen. Die EU müsse hingegen die Interessen von 28 Staaten unter einen Hut bringen und sei deshalb bei Verhandlungen weniger flexibel. Er weist darauf hin, dass die kleine Schweiz Freihandelsabkommen mit Staaten ausgehandelt hat, mit der die EU bis zu diesem Zeitpunkt noch keine Freihandelsabkommen besitzt. Dazu gehören China, Japan, Singapur und Hong Kong. Insgesamt hat die Schweiz 28 Freihandelsabkommen mit 38 Handelspartnern außerhalb der EU abgeschlossen. Die EU hat auf der anderen Seite Freihandelsabkommen mit Staaten abgeschlossen, mit denen die Schweiz kein Freihandelsabkommen besitzt. Dazu gehören Algerien, San Marino, Syrien und Andorra. Insgesamt sei nicht erkennbar, dass die EU erfolgreicher darin sei, Freihandelsabkommen auszuhandeln als die Schweiz.

Das Freihandelsabkommen zwischen der Schweiz und Japan

Das Freihandelsabkommen der Schweiz mit China trat im Jahr 2014 in Kraft und das mit Japan im Jahr 2009. Deshalb wählte der Autor das Abkommen der Schweiz mit Japan als Fallstudie, da dieses schon lange genug in Kraft sei, um Rückschlüsse auf den Erfolg des Abkommens zu ziehen. Das Abkommen, das die Schweiz mit Japan ausgehandelt hat, umfasste nicht nur die gegenseitige Reduzierung von Zolltarifen, sondern Erleichterungen bei der Regulierung, den Umgang mit geistigem Eigentum und den Bereich Verbraucher- und Datenschutz. Neben der Abschaffung der Zolltarife auf alle Industriegüter setzte die Schweiz Zollsenkungen für Exportprodukte durch, die für sie traditionell eine wichtige Rolle spielen. Dazu gehören die Zollsenkungen für Schweizer Käse und Schokolade. Damit verschafften sich diese Industrien Wettbewerbsvorteile gegenüber den Produzenten in den EU-Staaten. Für belgische Schokolade und französischen Käsen blieben die alten Tarife in Japan in Kraft. Makroökonomische Untersuchungen ergaben für den Schweizer Export nach Japan bereits kurze Zeit nach dem Inkrafttreten des Abkommens einen „signifikanten" Effekt.

Passgenaue Lösungen für die einheimische Wirtschaft

Der Vorteil der Schweiz lag in den Verhandlungen mit Japan darin, dass sie passgenaue Lösungen anstreben konnte. Die Eidgenossenschaft musste bei den Verhandlungen keine Rücksicht auf andere Partner nehmen. Japan räumte der Schweiz günstige Tarife für Produkte ein, die für ihre einheimischen Produzenten keine große Konkurrenz darstellten. Ein Beispiel dafür sind die bereits genannten günstigen Tarife für Schweizer Käse und Schokolade. Den Japanern war in den Verhandlungen aber wichtig, den Schutz für große Teile ihrer Landwirtschaft aufrecht zu erhalten. Da eine Reihe von EU-Staaten selbst starke

Interessen im Bereich der Agrarwirtschaft besitzen, konnte ein vergleichbares Abkommen zwischen Japan und der EU bisher nicht zu Stande kommen. Lindsell argumentiert, dass Großbritannien ähnlich der Schweiz als Nicht-EU-Mitglied passgenaue Freihandelsabkommen aushandeln könnte, ohne Rücksicht auf die Interessen anderer EU-Staaten nehmen zu müssen. Das sei insbesondere für die Verhandlungen mit den USA von Bedeutung. Ein rein britisch-amerikanisches Abkommen würde weitergehen und mehr Bereiche umfassen als das derzeit von der EU und den USA verhandelte TTIP, das in vielen EU-Staaten auf erhebliche Vorbehalte stößt.

Die Rolle des europäischen Binnenmarktes

Der Autor weist aber auch darauf hin, dass die Attraktivität der Schweiz für die Japaner als Handelspartner und Investitionsstandort wesentlich mit dem privilegierten Zugang zum europäischen Binnenmarkt zusammenhing. Nach einem Austritt Großbritanniens aus der EU müsse also ein solcher privilegierter Zugang gesichert werde. Lindsell würde sogar den Status Norwegens akzeptieren, der von vielen Briten wegen der geringen Einflussmöglichkeiten auf den Binnenmarkt abgelehnt wird. Den Verlust von Mitbestimmungsrechten über die Regulierungen des Binnenmarktes hält der Autor angesichts des Zugewinns an Eigenständigkeit in der Handelspolitik für vertretbar. Der Zugewinn an Eigenständigkeit in der Handelspolitik gleicht für den Autor den Verlust an Mitspracherechten in der EU mehr als aus.

Globale Handelspolitik als nationale Priorität

Lindsell empfiehlt dem Vereinigten Königreich im Falle eines Austritts aus der EU die Handelspolitik zum Schwerpunkt seiner Außenpolitik zu machen. Dieser Politikbereich solle personell und organisatorisch erheblich ausgebaut werden. Es sollten verschiedene Teams gebildet werden, die mit Staaten wie China, Japan, Indien, Brasilien und den USA parallel über den Abschluss von Freihandelsabkommen verhandeln. Zu diesem Zweck sollten erfahrene Diplomaten auch aus anderen Staaten angeworben werden. Wichtig sei schon vor der Aufnahme der Verhandlungen eine klare Strategie vorzugeben und die politischen Verantwortlichkeiten auch im Kabinett klar zu zuordnen. Großbritannien solle hier von Anfang an eine globale Strategie verfolgen und sich vor allem auf schnelle Erfolge mit der Priorität für bestimmte zentrale Wirtschaftssektoren konzentrieren. Auf diese Weise hält es der Autor es für möglich, dass Großbritannien mit vielen Staaten der Welt schneller zu einem Vertragsabschluss kommen wird als die schwerfälligere Europäische Union.

Erschwerter Zugang zum Binnenmarkt nach einem Brexit?

Lindsell geht bei seinen Überlegungen davon aus, dass auch nach einem Brexit der privilegierte Zugang Großbritanniens zum Binnenmarkt erhalten bliebe. Das Vereinigte Königreich könnte also ohne Druck die neue Handlungsfreiheit nutzen, um Freihandelsabkommen mit den großen Spielern der Globalisierung – den USA, China, Japan, Indien, Brasilien usw. – auszuhandeln. Das Problem ist aber, dass Großbritannien nach einen Brexit nicht selbstverständlich davon ausgehen kann, dass der privilegierte Zugang zum europäischen Binnenmarkt erhalten bleibt. Es ist schwer vorauszusehen, wie die EU auf die Entscheidung für einen Brexit reagieren würde. Es ist durchaus möglich, dass der irrationale Wunsch nach Vergeltung für die Schmach des Austritts mit der rationalen Überlegung einhergehen wird, keine Anreize für weitere Austritte aus der EU zu schaffen. Am Ende wäre es zwar für beide Seiten schädlich, wenn sich die verbleibenden EU-Staaten dafür entscheiden würden, den Zugang zum europäischen Binnenmarkt für Großbritannien nach dem Brexit zu erschweren. Ausgeschlossen ist das aber nicht.

Eine Frage des Zeithorizontes

Wenn Großbritannien nach einem Austritt seine Handelspolitik tatsächlich so professionell strukturiert und global ausrichtet, wie von Lindsell vorgeschlagen, erscheinen Erfolge einer solchen Politik nicht unwahrscheinlich. Es ist also durchaus möglich, dass Großbritannien die Folgen eines Brexit langfristig kompensieren oder vielleicht sogar von einer eigenständigen global ausgerichteten Handelspolitik profitieren könnte. Das Problem wäre also weniger die langfristige wirtschaftliche Perspektive nach einem Brexit als vielmehr die kurz- und mittelfristigen Auswirkungen. Im Schnitt müssen für die Aushandlung eines Freihandelsabkommens sechs Jahre veranschlagt werden. Selbst wenn also mehrere Teams erfahrener Diplomaten gleichzeitig mit verschiedenen Staaten über Freihandelsabkommen mit dem Vereinigten Königreich verhandeln könnten, würde es wohl mehr als ein halbes Jahrzehnt dauern, bis entsprechende Abkommen abgeschlossen und noch länger bis sie wirksam werden können. Die Zwischenzeit könnte sich als schwierig erweisen. Wie die Folgen eines Brexit für die Wirtschaft Großbritanniens zu beurteilen sind, ist also auch eine Frage des Zeithorizontes.

Literatur: Jonathan Lindsell: Lessons from Switzerland. How might Britain go about business outside the EU?

***

DAS KANADISCHE MODELL ODER ETWAS GANZ ANDERES? Gérard Bökenkamp | 24 März 2016

In der Debatte darüber, wie die Beziehungen Groß-britanniens nach einem EU-Austritt neu zu gestalten wären, wird auf unterschiedliche Modelle verwiesen.[146] Das Modell Schweiz und das Modell Norwegen bieten einen

[146] http://openeurope.org.uk/impact/theres-no-love-for-the-eu-or-immigration-but-voters-must-ask-what-are-the-alternatives/

privilegierten Zugang zum europäischen Binnenmarkt. Allerdings bleibt die Regulierungskompetenz der EU in beiden Varianten weitgehend erhalten, ohne dass Großbritannien noch Einfluss auf die Entscheidungen nehmen könnte. Außerdem bleibt bei beiden Varianten die Personenfreizügigkeit erhalten. Letzteres ist deshalb besonders hervorzugehen, weil in Großbritannien die Themen EU und Migration immer stärker miteinander verknüpft werden.

Migration ist ein zentrales Thema in der Brexit-Debatte

Vielen Befürwortern des Brexit im Vereinigten Königreich geht es darum, den Zuzug aus der Europäischen Union nach Großbritannien beschränken zu können. Das Thema Migration hat seit der Jahrtausendwende an Bedeutung für die britischen Wähler gewonnen. In den neunziger Jahren lag der Anteil der Briten, die das Thema Einwanderung als wichtigstes politisches Problem ansahen nur bei 10 Prozent. Im Jahr 2015 waren bis zu 50 Prozent der befragten Briten der Ansicht, dass Einwanderung das wichtigste Problem für Großbritannien sei.

Das spricht für ein klassisches Freihandelsabkommen

Nun wäre es wenig plausibel, wenn sich am Ende eine Mehrheit der Briten auch aus diesem Grund für einen Austritt aus Großbritannien entscheiden würde, dann ein Modell zu wählen, dass die Freizügigkeit zwischen Großbritannien uneingeschränkt fortbestehen lassen würde.

Deshalb wird bereits nach alternativen Modellen für das Verhältnis zwischen Großbritannien und der EU gesucht, die die Handelsbeziehung zwar so wenig wie möglich beeinträchtigen, aber die Möglichkeit bieten, den Zuzug zu kontrollieren. Das wäre dann wohl nur über ein konventionelles Freihandelsabkommen möglich. Deshalb hat das Freihandelsabkommen zwischen der EU und Kanada in der Brexit-Debatte die Aufmerksamkeit auf sich gezogen.

Das Freihandelsabkommen mit Kanada als Vorbild

Das Freihandelsabkommen CETA wurde zwischen der EU und Kanada ab dem Jahr 2009 verhandelt und im Jahr 2014 zum Abschluss gebracht. Das Abkommen muss noch durch das Europäische Parlament, den Europäischen Rat und das Kanadische Parlament ratifiziert werden. Es bedarf möglicherweise auch der Zustimmung der nationalen Parlamente. Wahrscheinlich wird das Abkommen nicht vor dem Jahr 2017 in Kraft treten. Das zeigt, dass für die Aushandlung eines solchen Abkommens bis zu seinem Inkrafttreten zwischen sechs und acht Jahren anzusetzen sind. Die EU ist für Kanada der zweitwichtigste Handelspartner nach den USA. Für die EU ist Kanada der zwölftwichtigste Handelspartner.

Die positiven Seiten des kanadischen Modells

Vincenzo Scarpetta von Open Europe in London hat die Argumente für und gegen das kanadische Modell aufgeführt.[147] Positiv an dem kanadischen Modell wäre, dass weitgehend alle Zolltarife beseitigt würden. Außerdem wird die Diskriminierung bei der Vergabe von Aufträgen der öffentlichen Hand verboten, sodass die Firmen beider Seiten sich gleichberechtigt um öffentliche Aufträge bewerben können. Kanada muss außerdem keinen finanziellen Beitrag zum EU-Budget leisten. Das könnte eine wichtige Grundlage für offene Wirtschaftsbeziehungen zwischen Großbritannien und der EU nach einem Austritt sein. Es gibt allerdings auch erhebliche Defizite, die ein Problem darstellen könnten.

Die problematischen Seiten des kanadischen Modells

Es ist aus britischer Sicht als problematisch zu beurteilen, dass bestimmte Teile der Landwirtschaft von dem Abkommen nicht erfasst werden. Das heißt britische Landwirte würden unter einem Freihandelsabkommen nach dem Vorbild des europäisch-kanadischen Abkommens Nachteile in Kauf nehmen müssen. Selbst unter diesem Freihandelsabkommen würden aber viele Regulierungen praktisch von der EU vorgegeben. Das EU-Recht definiert, welcher Anteil eines Produkts aus dem Partnerland kommen muss, um von dem Freihandelsabkommen abgedeckt zu sein. Dienstleistungen, die für Großbritannien besonders wichtig sind, werden nur teilweise von CETA abgedeckt. Das Abkommen ist außerdem ein reiner Freihandelsvertrag, der

---

[147] http://openeurope.org.uk/today/blog/what-could-the-eu-canada-free-trade-deal-tell-us-about-brexit/

keine Vereinbarungen über politische Kooperationen enthält. Auch die politischen Beziehungen zwischen Großbritannien und der EU müssten im Falle eines Brexit neu definiert werden.

Für einen Brexit gibt es kein Vorbild

Das spricht dafür, dass das kanadische Modell nicht einfach auf die britisch-europäischen Beziehungen nach einem Brexit angewendet werden könnte. Es müsste ergänzt und vertieft werden. Darum sprechen auch einige Brexit-Befürworter von einem Kanada +.[148] Das würde eine stärkere Einbindung in die Entscheidungsprozesse der EU beinhalten. Im Gegenzug würde „Kanada +" eine finanzielle Beteiligung an den Kosten der Institution vorsehen. Es ist auch möglich die Idee einer „privilegierten Partnerschaft", die der Türkei von deutscher Seite angeboten wurde, aufzunehmen, um eine engere Kooperation in der Außen- und Sicherheitspolitik zu gewährleisten. Klar ist aber, dass ein britisch-europäisches Abkommen nach einem Brexit ein echter Präzedenzfall wäre ohne wirkliches Vorbild. Wahrscheinlich müsste ein ganz neues, maßgeschneidertes Modell erarbeitet werden. So etwas in nur zwei Jahren zu entwickeln und zu verhandeln, würde Diplomaten und

---

[148] http://www.openeuropeberlin.de/das-open-europe-planspiel-zu-eu-reform-und-brexit-von-stephen-booth-raoul-ruparel-und-michael-wohlgemuth/

Freihandelsexperten vor eine enorme Herausforderung stellen.

***

WIE ES NACH EINEM BREXIT WEITERGEHEN KÖNNTE. EINE ANALYSE VON OPEN EUROPE, TEIL 1/3: AUSSENHANDEL. Michael Wohlgemuth | 20 Apr 2016

Nach einer aktuellen Umfrage von ComRes würden beim EU-Referendum 45% für den Verbleib in der EU und 38% für den Austritt stimmen.[149] Bemerkenswert ist dabei, dass die Zahl der noch nicht Entschiedenen nach wochenlangen Kampagnen beider Lager um 6% gestiegen ist, von 11% auf 17%. Interessant ist auch, dass auf die Frage, welches Thema bei Referendum für die Wähler am Wichtigsten ist, die Wirtschaft mit 47% an erster Stelle kommt, Migration erst danach mit 24% und nationale Sicherheit mit 15%.

Zu den wirtschaftlichen Konsequenzen des Brexit hat diese Woche auch die britische Treasury ihre Einschätzung abgegeben.[150] Diese hat heftige Reaktionen ausgelöst, weil die Gesamtkosten des Brexit auf 6% Bruttoinlandsprodukt oder 4 300 GBP pro britischen Haushalt geschätzt wurden – nicht als absoluter Verlust an BIP, wie oft falsch berichtet, sondern als BIP im Jahr 2030 für den Fall weiterer EU-

---

[149] http://www.comres.co.uk/polls/the-sun-eu-referendum-poll/
[150] https://www.gov.uk/government/publications/hm-treasury-analysis-the-long-term-economic-impact-of-eu-membership-and-the-alternatives

Mitgliedschaft verglichen mit dem Fall des Brexit. Dennoch: die meisten anderen Studien (auch die von Open Europe[151]) kommen auf deutlich geringere Kosten.

Was kommt nach dem Brexit?

Das alles ist freilich Spekulation. Alles hängt davon ab, wie es nach einem Brexit weitergeht; und das kann derzeit keiner sagen. Freilich wäre es an den Vertretern des „leave" wenigstens zu sagen, wie es danach weitergehen *sollte* und *könnte*. Man schafft nur Unsicherheit, solange man

(a) nicht einig ist, wie die EU-UK Beziehungen nach einem Brexit aussehen sollen: manche favorisieren das Norwegische, manche das Schweizer Modell, wieder andere ein Freihandelsabkommen wie das zwischen EU und Kanada;

(b) nicht einig ist, wie man die neu gewonnene Souveränität nutzen soll: mache wollen die Grenzen vor allem für EU-Ausländer, aber auch etwa für Stahl aus China dicht machen, andere wollen das nicht und zudem EU-Regulierungen weitgehend abschaffen.

Zudem wird man unglaubwürdig, wenn man argumentiert, a) und b) hätten nichts miteinander zu tun und so tut, als könne man freien Zugang zum europäischen Binnenmarkt

---

[151] http://openeurope.org.uk/intelligence/label/original-thinker/

und gleichzeitig auch freie Entscheidung über Migration und Regulierung haben.

In einer umfangreichen Studie haben unsere Partner von Open Europe diese „trade-offs" systematisch zusammengestellt, um zu zeigen, welchen Spielraum für eine liberale Politik Großbritannien unter welchen Bedingungen hätte.[152] Eine konsequent liberale Politik in den Bereichen (1) Außenhandel, (2) Migration und (3) Deregulierung wäre notwendig, so unsere Kollegen, um den wirtschaftlichen Schaden eines Brexit gering zu halten und vielleicht sogar post-Brexit mit einem ökonomischen Nettogewinn aus der EU herauszukommen. Gleichzeitig wäre diese Politik aber auch nicht unbedingt populär – gerade auch bei vielen Brexit-Befürwortern.

Die Dinge sind komplex. Hier deshalb erst einmal das Argument Außenhandel außerhalb der EU.

Handel mit der EU, Außenhandel über die EU

Die EU wird auch nach einem Brexit der größte Handelspartner Großbritanniens bleiben. Wie es mit dem Zugang des Landes zum EU-Binnenmarkt nach einem Brexit weitergehen soll und kann, ist die große Frage (hierzu

---

[152] http://openeurope.org.uk/intelligence/britain-and-the-eu/guide-to-brexit/

unsere Beiträge:[153 154 155]). Es ist aber nicht die einzige Frage für die britische Handelspolitik. Zusätzlich ist das UK via EU-Mitgliedschaft an 33 Freihandelsabkommen mit insgesamt 62 Nicht-EU-Staaten beteiligt. Somit hängen derzeit 63% des britischen Außenhandels mit der EU zusammen (nach erfolgreichen EU-Abkommen mit Kanada, Singapur und den USA wären es ganze 78%).

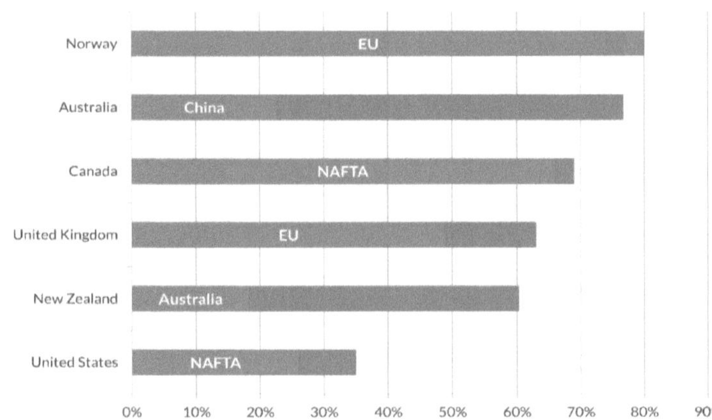

[153] http://www.openeuropeberlin.de/plan-b-sollte-david-cameron-einen-post-brexit-alternativplan-vorlegen-von-raoul-ruparel-und-michael-wohlgemuth/
[154] http://www.openeuropeberlin.de/brexit-mehr-freihandel-nach-einem-austritt-von-gerard-boekenkamp/
[155] http://www.openeuropeberlin.de/brexit-das-kanadische-modell-oder-etwas-ganz-anderes-von-gerard-boekenkamp/

Nun ist es nicht so, dass am Tag nach dem Referendum diese Handelsverträge (mit der EU und den Drittstaaten) nicht mehr gelten würden. Vielmehr kommt es zur Prozedur nach Art. 50 EUV, die sich mindestens zwei Jahre hinziehen dürfte.[156] Gleichzeitig wären danach auch die Freihandelsabkommen mit Drittstaaten nicht mehr automatisch gültig; sie müssten erneuert werden. Dies könnte schlicht dadurch geschehen, dass nunmehr neben der EU auch das UK als Partner in ansonsten unveränderten Verträgen aufgeführt würde. Auch könnte dies eigentlich schon „nebenher", neben den EU-UK Austrittsverhandlungen geschehen.

Aber auch das ist nicht sicher. Die britische Regierung ist da skeptisch und sagt (S. 9 hier[157]): "The countries with which we currently have preferential trade agreements through the EU are likely to want to see the terms of our future relationship with the EU before negotiating any new trade agreements with the UK".

Es geht auch ohne EU ...

Andererseits zeigt die Abbildung oben, dass man auch als Land außerhalb der EU erfolgreich Freihandelsabkommen abschließen kann. Norwegen, Australien und Kanada

---

[156] http://www.openeuropeberlin.de/brexit-nach-dem-referendum-sind-die-wuerfel-gefallen-von-gerard-boekenkamp/

[157] https://www.gov.uk/government/uploads/system/uploads/attachment_data/file/503908/54538_EU_Series_No2_Accessible.pdf

wickeln mehr Außenhandel unter Freihandel ab als Großbritannien. Die EU hat (noch) keine Abkommen mit wichtigen Volkswirtschaften wie den USA, China, Indien, Japan und Brasilien.

Das liegt auch daran, dass viele Länder in der EU eher protektionistisch geneigt sind und somit Großbritannien als traditionelles Land des Freihandels eher zum Abschluss kommen könnte. So sperrten sich EU-Länder wie Portugal gegen den zollfreien Marktzugang für Entwicklungsländer aus Angst um die heimische Textilindustrie; das TTIP-Abkommen mit den USA dürfte auch deswegen eines Tages verzögert und verwässert in Kraft treten, weil es „auf dem Kontinent" eine Angst vor Investorenschutzregeln, Chlorhühnchen, Genmais oder Hollywood-Produktionen gibt, die man so in Großbritannien nicht kennt.

... wenn man nur will

Freilich gibt es auch bei den Briten, trotz der reichen Tradition von David Ricardo, Adam Smith oder Richard Cobden, und gerade auch bei Brexit-Befürwortern, Freihandelsängste. Aktuell wird debattiert, was man gegen billige Stahlimporte aus China tun kann, um den (schon lange dauernden) Niedergang der britischen Stahlindustrie aufzuhalten. Eine Antwort wäre, ein weitgehend hausgemachtes Problem zu lösen: die hohen Energiekosten; hier wird (wie in Deutschland) über Subventionen / Preisnachlässe für energieintensive Industrien (wie Stahl) diskutiert. Die andere: Zölle auf chinesische Stahlimporte zu erhöhen. Innerhalb der EU ist beides schwieriger als außerhalb. Die EU „anti-dumping Zölle" auf chinesischen Stahl sind weniger als ein Zehntel dessen, was die USA (mit über 200% Zoll) draufsetzen. Und Subventionen heimischer Produzenten kommen leicht in Konflikt mit dem EU-Wettbewerbsrecht.

Nach einem Brexit könnte Großbritannien dagegen ganz nach eigener Wähler und Lobbyisten Lust und Laune die eigene Industrie „schützen" und „fördern". Diese „Souveränität" würde freilich auch etwas kosten:

- die günstige Importe nutzenden Produzenten und die Konsumenten müssten höhere Preise zahlen;
- Arbeitsplätze in der britischen Stahlindustrie mögen gehalten werden können; aber die in der stahlnutzenden Automobilindustrie würden gefährdet.
- Mehr Steuergelder für Stahlfabriken bedeuten weniger Geld für andere Staatsausgaben (oder mehr Schulden für künftige Generationen). Und schließlich:
- Man kann nicht gleichzeitig argumentieren, man könne ohne die EU nach einem Brexit schneller und besser Freihandelsabkommen mit Schwellenländern wie China anschließen und: man könne ohne EU nach einem Brexit mit genau den gleichen Ländern höheren Protektionismus eingehen.

Gleichzeitig ist die britische Stahlindustrie nicht wirklich das, worauf eines einer britischen Außenhandelspolitik post-Brexit vor allem ankäme. Großbritannien setzt, gerade auch im Export, auf Dienstleistungen und hier wiederum vor allem auf Finanzdienstleistungen. Und hierbei geht es nicht um Handelspolitik der „ersten Generation" (Zölle auf Güter), sondern der „zweiten Generation": nichttarifäre und regulatorische Marktzutrittsbeschränkungen für Dienstleistungen. Diese abzubauen, ist besonders schwierig und heikel. Das zeigt sich auch darin, dass von den 33 Handelsabkommen, die die EU mit Drittstaaten hat, nur elf auch Dienstleistungen umfassen.

Speed versus Scope

Insgesamt zeigt sich ein trade-off zwischen Geschwindigkeit und Tiefe („speed and scope") beim Aushandeln von Handelsabkommen: Umfassende Abkommen (FTAs) der „zweiten Generation" können sich viele Jahre hinziehen, einfache der „ersten Generation" sind eher rasch zu erzielen:

Comprehensive FTAs	Fairly comprehensive FTAs	Basic FTAs
China-Australia (10 years and 8 months)	Iceland-China (7 years and 7 months)	Mercosur-Israel (4 years and 4 months)
Canada-South Korea (10 years and 2 months)	Australia-ASEAN-New Zealand (7 years and 4 months)	EU-Mexico (4 years and 2 months)
EU-Switzerland (9 years and 4 months)	EU-Peru/Colombia (5 years and 10 months for Peru; 6 years and 3 months for Colombia)	
Japan-Australia (8 years and one month)	Japan-India (5 years and 2 months)	
Canada-EU (6 years and 9 months, but not yet in force)	EU-Georgia (4 years and 3 months)	
EU-South Korea (4 years and 3 months)	China-Switzerland (3 years and 11 months)	
US-Australia (3 years and 9 months)		

Open Europe würde deshalb empfehlen, möglichst rasch zunächst „einfache" Handelsabkommen für Zölle auf Güter abzuschließen, gerade da, wo diese noch recht hoch sind (dies wäre vor allem China, Indien und Brasilien) und danach in den Bereichen Dienstleistungen und nichttarifäre Handelshemmnisse nachzulegen – anders als die Strategie der EU, die nach dem Motto „nichts ist verhandelt, ehe nicht alles verhandelt ist" verfährt.

Die radikale Lösung

Liberale Ökonomen würden einen theoretisch extrem einfachen Weg vorschlagen: unilateraler Freihandel.

Großbritannien würde einseitig alle Importe frei ins Land lassen, die auf dem heimischen Markt nachgefragt werden; Konsumenten und Importeure von Vorprodukten würden niedrigere Preise bezahlen, die Exporte von Fertigprodukten würden konkurrenzfähiger. Am Ende dürfte Großbritannien wirtschaftlich stärker dastehen als jetzt. Bis dahin freilich dürfte es bei Unternehmen und Arbeitnehmern in vielen Sektoren für Importsubstitute zu reichlich „kreativer Zerstörung kommen"; auf bestimmte Sektoren konzentrierte, rasch und deutlich spürbare Kosten stünden auf die Allgemeinheit verteilte, verzögert und wenig wahrnehmbare Nutzen gegenüber; und da gut organisierte Interessengruppen unter den „Opfern" und schlecht organisierte Konsumenten unter den Nutznießern sind, ist dies für eine Regierung, die wiedergewählt werden will, keine rationale Strategie (s. hierzu dies:[158]).

Sprung ins Ungewisse

David Cameron hat Recht, wenn er sagt, Brexit bedeute den Sprung ins Dunkle, Unbekannte.[159] Seiner Gegner haben zwar auch recht, wenn sie sagen: wer weiß, wie die EU in fünf Jahren aussieht; sie sind aber mehr in der Pflicht als das „remain" camp, zu sagen, wie es nach dem Brexit weitergehen kann und soll. Ihr Argument, man könne

---

[158] http://www.libinst.ch/?i=politischer-wettbewerb-in-der-rent-seeking-society

[159] http://www.bbc.com/news/uk-politics-eu-referendum-35634239

danach nicht nur mit der EU, sondern auch mit dem wachsenden Rest der Welt in kurzer Zeit sehr umfassende Freihandelsabkommen abschließen, erscheint jedoch sehr optimistisch – wenn es denn wirklich das ist, was die „Brexiteers" auch wollen.

Ähnliches lässt sich zu den beiden anderen zentralen Fragen der Migration und Deregulierung sagen. Auch hier kommt es darauf an, wie viel der neu gewonnen Souveränität wofür genutzt werden kann und soll. Dazu die kommenden beiden Beiträge.

***

WIE ES NACH EINEM BREXIT WEITERGEHEN KÖNNTE. EINE ANALYSE VON OPEN EUROPE, TEIL 2/3: MIGRATION. Michael Wohlgemuth | 21 Apr 2016

Nach vielen Umfragen dürfte für viele Anhänger des Austritts („Brexit") die Angst vor zu viel Migration, auch aus EU-Staaten, ein Hauptmotiv sein. Für Anhänger des Verbleibs dagegen steht die Angst vor Einbußen im Außenhandel und bei ausländischen Direktinvestitionen im Vordergrund. Beide Aspekte hängen freilich zusammen: das Ausmaß des weiteren Zugangs zum EU-Binnenmarkt und das Ausmaß, über Migration aus EU-Ländern frei entscheiden zu können.

Was kommt nach dem Brexit?

Alles hängt davon ab, wie es nach einem Brexit weitergeht; und das kann derzeit keiner sagen. Freilich wäre es an den Vertretern des „leave" wenigstens zu sagen, wie es danach weitergehen sollte und könnte.

In einer umfangreichen Studie haben unsere Partner von Open Europe diese „trade-offs" systematisch zusammengestellt, um zu zeigen, welchen Spielraum für eine liberale Politik Großbritannien unter welchen Bedingungen hätte.[160] Eine konsequent liberale Politik in den Bereichen (1) Außenhandel, (2) Migration und (3) Deregulierung wäre notwendig, so unsere Kollegen, um den wirtschaftlichen Schaden eines Brexit gering zu halten und vielleicht sogar post-Brexit mit einem ökonomischen Nettogewinn aus der EU herauszukommen. Gleichzeitig wäre diese Politik aber auch nicht unbedingt populär – gerade auch bei vielen Brexit-Befürwortern.

Die Dinge sind komplex. Hier nun zur Migrationspolitik.

---

[160] http://openeurope.org.uk/intelligence/britain-and-the-eu/guide-to-brexit/

Zunehmende Zuwanderung aus den EU-Beitrittsländern

Nach einer Umfrage von Opinium Research ist zumindest eine relative Mehrheit der Briten der Meinung, die unbeschränkte Freizügigkeit von EU-Ausländern schade Großbritannien[161]:

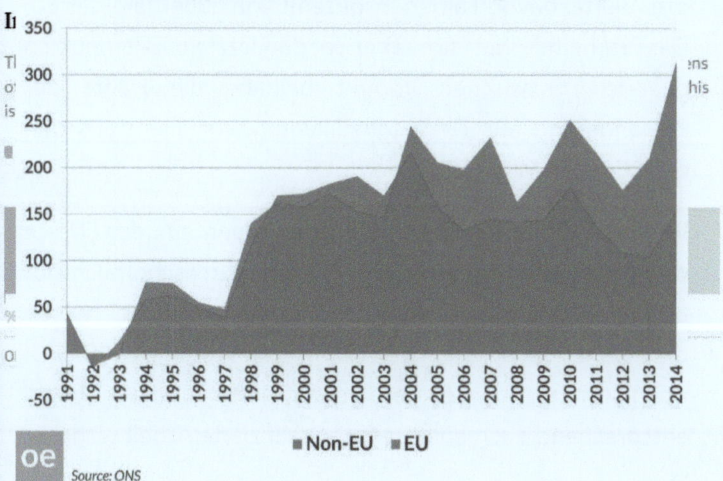

161 http://www.theguardian.com/politics/2016/mar/20/britons-on-europe-survey-results-opinium-poll-referendum

In den Jahren zwischen 1990 und 2014 kam es zu einer Nettoeinwanderung nach Großbritannien in der Größenordnung von rund 5 Millionen Menschen. Mehr als drei Viertel davon kamen insgesamt von außerhalb der EU. Das Verhältnis hat sich aber in der letzten Zeit deutlich geändert. Inzwischen kommt beinahe die Hälfte der Zuwanderung aus EU-Mitgliedstaaten, vor allem aus den östlichen EU-Mitgliedsländern.

Während die relativ geringe Zuwanderung aus der EU vor der Osterweiterung 2004 (EU-15) überdurchschnittlich gut ausbildete Menschen nach Großbritannien brachte, waren die Zuwanderer aus den Beitrittsländern (A 10 EU) durchschnittlich weniger qualifiziert und nehmen entsprechend auch eher gering qualifizierte Arbeit wahr.

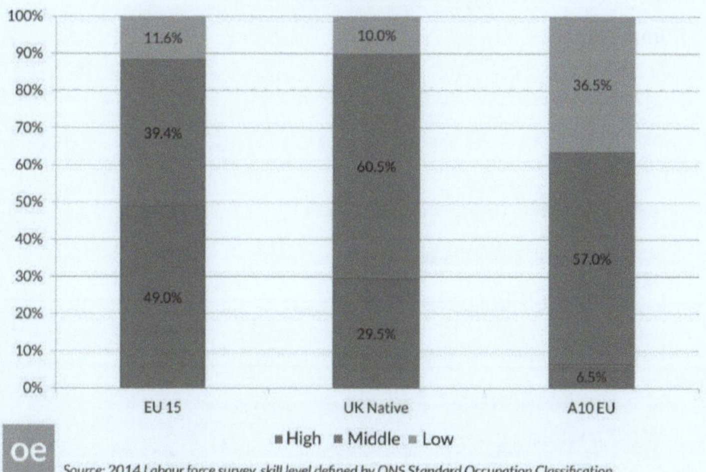

Source: 2014 Labour force survey, skill level defined by ONS Standard Occupation Classification

Skeptische Briten

Das Ausmaß und die Qualität der Zuwanderung erklärt wohl auch, weshalb die Briten inzwischen die Zuwanderung von EU-Bürgern in vielen Bereichen (vor allem: auf dem Wohnungsmarkt, bei den Sozialsystemen und auf dem Arbeitsmarkt für Geringqualifizierte) als nachteilig ansehen.

Immigration

Do you think that immigration between the UK and the rest of the European Union has been generally good or bad for each of the following areas?

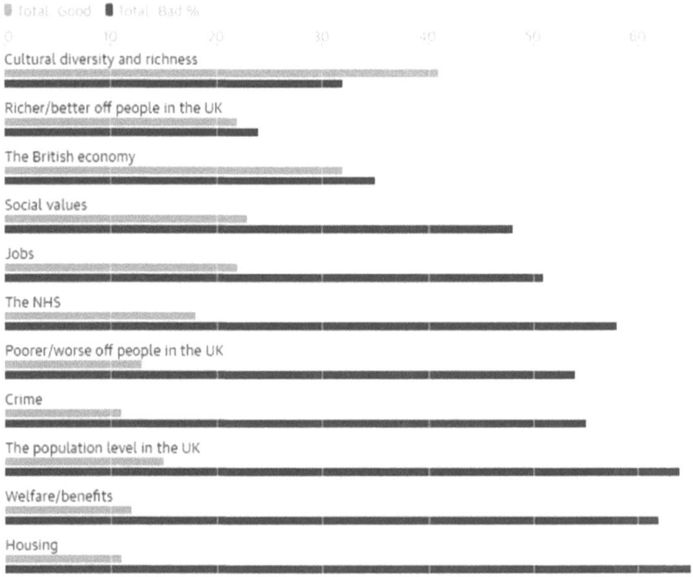

Total: Good · Total: Bad %

0 · 10 · 20 · 30 · 40 · 50 · 60

Cultural diversity and richness

Richer/better off people in the UK

The British economy

Social values

Jobs

The NHS

Poorer/worse off people in the UK

Crime

The population level in the UK

Welfare/benefits

Housing

Observer graphic | Source: Opinium Research

Diese Meinungen wiederum erklären, weshalb es David Cameron so wichtig war, den Zugang von EU-Zuwanderern in die britischen Sozialsysteme für eine Übergangszeit zu begrenzen (hierzu:[162] [163]).

Die Vorteile der Zuwanderung

Gleichzeitig gibt es kaum überzeugende ökonomische Gründe dafür, dass sich Großbritannien nach einem Brexit gegen weitere Migration sperren sollte. Ganz im Gegenteil, aus mehreren Gründen:

Würden die Briten die Freizügigkeit mit EU-Bürgern radikal einschränken, dürfte dies angesichts des in vielen Bereichen deutlichen Arbeitskräftemangels sowohl Löhne als auch Preise nach oben treiben – mit nachteiligen Folgen für Produktivität, Wettbewerbsfähigkeit und Konsumenten. Tatsächlich ist die Beschäftigungsrate im UK so hoch wie noch nie (seit diese 1971 erhoben wird), was auch daran liegt, dass die allermeisten EU-Migranten kommen, um zu arbeiten und die entsprechende Altersstruktur aufweisen.

---

[162] http://www.openeuropeberlin.de/eu-reformbeschluesse-kein-grosser-wurf-aber-viele-verbesserungen-von-gerard-boekenkamp/

[163] http://www.openeuropeberlin.de/david-camerons-brief-an-donald-tusk-eu-reform-wird-etwas-konkreter-von-michael-wohlgemuth/

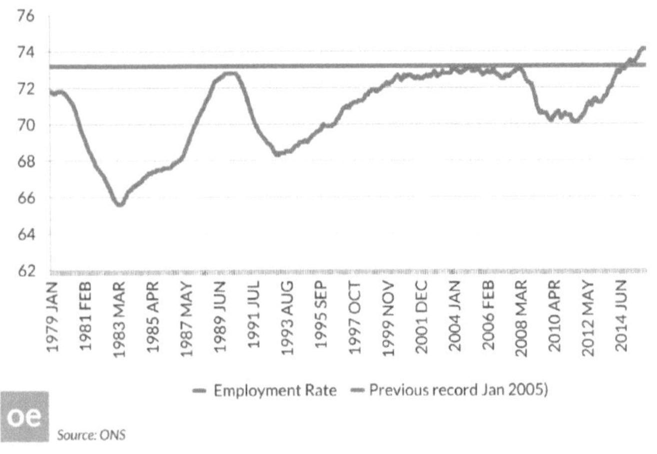

Das hat wiederum auch positive Auswirkungen auf die Sozialversicherungssysteme einer alternden Gesellschaft.

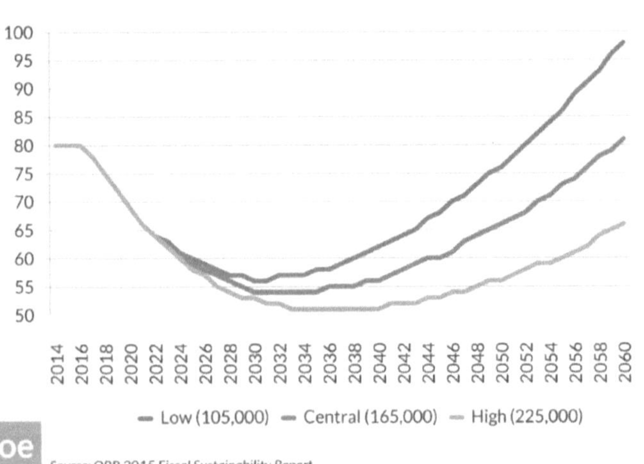

Das britische „Office for Budget Responsibility" (OBR) stellt fest, dass gerade die Einwanderung aus EU-Ländern zu einer höheren Beschäftigungsrate geführt und damit auch die Sozialkassen und die Staatskasse insgesamt eher entlastet hat.[164] Dies ist angesichts der auch im UK akuten Alterung der Gesellschaft relevant. In einer Projektion der kommenden Jahre bis 2060 würde eine Senkung der Einwandung die Staatsschuldenquote erheblich stärker ansteigen lassen (rote Linie) als eine hohe Zuwanderungsrate (grüne Linie).

Das alles bedeutet nicht, dass jede Zuwanderung immer nur Vorteile für jede Gruppe im Aufnahmeland brächte; es gibt – wie beim Freihandel – immer Gewinner und Verlierer. Verlierer dürften am ehesten niedrigqualifizierte Arbeitslose sein und Angestellte im niedrigqualifizierten Dienstleistungssektor (es gibt Schätzungen, dass eine Zunahme von Einwanderern in diesem Sektor um 10 Prozentpunkte die Löhne um 2 Prozent drückt[165]).

Die Vorteile für die Zuwanderer selbst sind dagegen offenkundig, und die ökonomischen Argumente für offene Grenzen sind es m.E. auch, besonders dann, wenn man einen „universalen normativen Individualismus" anwendet,

---

[164] http://cdn.budgetresponsibility.org.uk/March2016EFO.pdf
[165]http://www.bankofengland.co.uk/research/Documents/workingpapers/2015/swp574.pdf

der zwischen dem Nutzen für „Inländer" und für „Ausländer" keinen Unterschied macht.[166]

Über den „Brexit" entscheiden aber die Bürger des Vereinigten Königsreichs; genauer gesagt (auch das interessant):

„British, Irish and Commonwealth citizens over 18 who are resident in the UK, along with UK nationals living abroad who have been on the electoral register in the UK in the past 15 years. Members of the House of Lords and Commonwealth citizens in Gibraltar will also be eligible, unlike in a general election. Citizens from EU countries – apart from Ireland, Malta and Cyprus – will not get a vote" (Quelle: BBC[167]).

Schweiz, Norwegen, Australien, Kanada als Vorbilder?

Viele derjenigen, die für einen „Brexit" eintreten, um nicht weiter der durch EU-Recht vorgeschriebenen Freizügigkeit (von Menschen aus anderen EU-Ländern) unterworfen zu sein, verweisen auf andere wirtschaftlich erfolgreiche Länder außerhalb der EU. Dazu gehören die Schweiz und Norwegen, die zwar weitgehenden Zugang zum EU-Binnenmarkt haben, aber nicht EU-Mitglieder sind. Dazu gehören aber auch Kanada und Australien, die klassischen Einwanderungsländer.

---

[166] http://time.com/4062074/migrants-open-borders/
[167] http://www.bbc.com/news/uk-politics-32810887

Nimmt man die Nettomigrationsraten dieser Länder in den letzten 15 Jahren und rechnet diese auf die Bevölkerungsgröße Großbritanniens um, dann hätte das UK sogar noch deutlich höherer Nettozuwanderung erlebt – auch ohne EU-Mitgliedschaft!

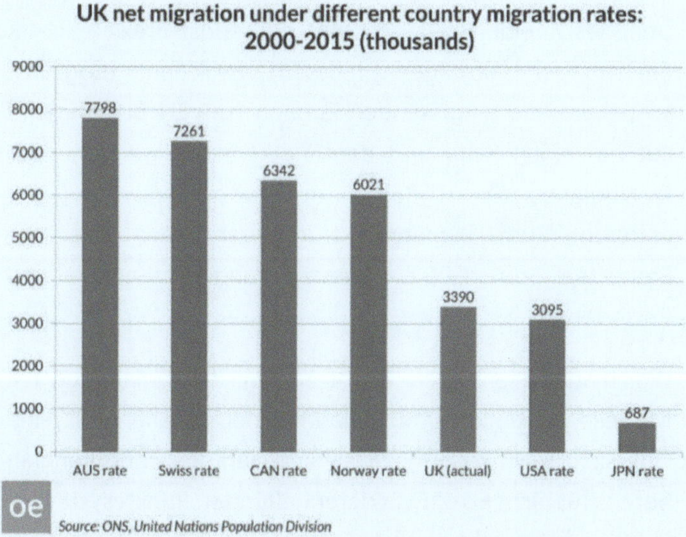

UK net migration under different country migration rates: 2000-2015 (thousands)

AUS rate 7798
Swiss rate 7261
CAN rate 6342
Norway rate 6021
UK (actual) 3390
USA rate 3095
JPN rate 687

oe

Source: ONS, United Nations Population Division

Trade-offs

Der Fall von Norwegen und der Schweiz ist freilich der, dass beide Länder ihren Zugang zum EU-Binnenmarkt nur um den „Preis" erhalten, dass sie für EU-Bürger auch Freizügigkeit in ihren Ländern gewähren müssen.

Diejenigen Brexit-Befürworter, die für eine stärkere nationale Souveränität in der Migrationspolitik eintreten und gleichzeitig das „Schweizer Modell" der bilateralen Verhandlungen oder das „Norwegische Modell" des EWR als Alternative zur EU-Mitgliedschaft anstreben, haben da offensichtlich etwas übersehen.

In jedem Fall wird Großbritannien auch bei einem individuell „maßgeschneiderten" Modell der post-Brexit EU-UK Beziehungen abwägen müssen zwischen möglichst schnellem und umfassenden Zugang zum EU-Binnenmarkt auf der einen Seite und der Anerkennung weitgehender Freizügigkeit für EU-Bürger in Großbritannien auf der anderen. Zum Binnenmarkt gehören eben alle vier Freiheiten: für Güter, Dienstleistungen, Kapital und Personen.

Will man diesen „Preis" nicht zahlen, kann man sich die Modelle Australien und Kanada näher ansehen (für eine Übersicht S. 40 hier:[168]). Diese sind dem in Großbritannien bereits für nicht EU-Zuwanderer geltenden Punktesystem (s. S. 38 hier:[169]) recht ähnlich. Dieses System könnte man als von der EU unabhängiger Staat dann universal auf alle Einwanderungskandidaten anwenden.

---

[168] http://2ihmoy1d3v7630ar9h2rsglp.wpengine.netdna-cdn.com/wp-content/uploads/2016/04/Open-Europe-A-liberal-free-market-guide-to-Brexit-FINAL.pdf

[169] http://2ihmoy1d3v7630ar9h2rsglp.wpengine.netdna-cdn.com/wp-content/uploads/2016/04/Open-Europe-A-liberal-free-market-guide-to-Brexit-FINAL.pdf

Freilich wäre man wohl gut beraten, dabei ein paar „Bonus-Punkte" für EU-Bürger vorzusehen, um wiederum beim Zugang zum EU-Binnenmarkt einige „Bonuspunkte" sammeln zu können.

Aus klassisch-liberaler Sicht sind derlei politisch-pragmatische Überlegungen und letztlich willkürliche Diskriminierungen der Freiheitsgewährung sicher zutiefst unbefriedigend. Wie beim Freihandel gäbe es einfachere radikale Lösungen, die wohl insgesamt für fast alle Beteiligten besser wären als ein solcher Schacher.

Aber so ist Politik. Lord Chalfont, der für Labour dereinst den EU-Beitritt Großbritanniens mitverhandelte, soll einmal gesagt haben:

„Politicians can be relied upon to make wise, intelligent and statesmanlike decisions – having first exhausted all other alternatives"

***

WIE ES NACH EINEM BREXIT WEITERGEHEN KÖNNTE. EINE ANALYSE VON OPEN EUROPE, TEIL 3/3: DEREGULIERUNG. Michael Wohlgemuth | 22 Apr 2016

Nach vielen Umfragen dürfte für viele Anhänger des Austritts („Brexit") die Angst vor zu viel Migration ein Hauptmotiv sein. Ähnlich stark könnte das Argument der Überregulierung aus Brüssel wirken. Für Anhänger des Verbleibs dagegen steht die vor allem Angst vor Einbußen im Außenhandel und bei ausländischen Direktinvestitionen im Vordergrund.

Diese Aspekte hängen freilich zusammen: das Ausmaß des weiteren Zugangs zum EU-Binnenmarkt und das Ausmaß, über Regulierungen frei entscheiden zu können.

Was kommt nach dem Brexit?

Alles hängt davon ab, wie es nach einem Brexit weitergeht; und das kann derzeit keiner sagen. Freilich wäre es an den Vertretern des „leave“ wenigstens zu sagen, wie es danach weitergehen sollte und könnte.

In einer umfangreichen Studie haben unsere Partner von Open Europe diese Optionen systematisch zusammengestellt, um zu zeigen, welchen Spielraum für eine liberale Politik Großbritannien unter welchen Bedingungen hätte.[170] Eine konsequent liberale Politik in den Bereichen (1) Außenhandel, (2) Migration und (3) Deregulierung wäre notwendig, so unsere Kollegen, um den wirtschaftlichen Schaden eines Brexit gering zu halten und vielleicht sogar post-Brexit mit einem ökonomischen Nettogewinn aus der EU herauszukommen. Gleichzeitig wäre diese Politik aber auch nicht unbedingt populär – gerade auch bei vielen Brexit-Befürwortern.

Die Dinge sind komplex. Hier nun zur Regulierungspolitik.

---

[170] http://openeurope.org.uk/intelligence/britain-and-the-eu/guide-to-brexit/

Brüsseler Regulierungswut?

Auch in Deutschland beschwert man sich über das „sanfte Monster Brüssel" (Enzensberger) und die in ihrer Entstehung und Wirkung nur schwer nachvollziehbare und revidierbare Regulierung seitens der EU.[171] Legendär sind etwa das Glühbirnenverbot[172], das (freilich inzwischen zurückgenommene[173]) Verbot von Ölkännchen oder die Verordnung Pizza Napoletana.[174]

In Großbritannien dagegen stehen bedeutendere europarechtliche Vorgaben im Zentrum einer leidenschaftlichen Debatte. Hierzu gehört etwa die Arbeitszeitrichtlinie[175], die Leiharbeiterrichtlinie[176],

---

[171]http://www.suhrkamp.de/buecher/sanftes_monster_bruessel_oder_die_entmuendigung_europas-hans_magnus_enzensberger_6172.html

[172] http://eur-lex.europa.eu/legal-content/DE/ALL/?uri=CELEX:32009R0244

[173] http://www.euractiv.de/section/gesundheit-und-verbraucherschutz/news/eu-stoppt-geplantes-verbot-von-olivenol-kannchen/

[174] http://eur-lex.europa.eu/LexUriServ/LexUriServ.do?uri=OJ:C:2008:040:0017:0025:DE:PDF

[175] http://eur-lex.europa.eu/legal-content/DE/TXT/?uri=URISERV%3Ac10418

[176] http://eur-lex.europa.eu/legal-content/DE/ALL/?uri=CELEX:32008L0104

die Gleichstellungsrichtlinie[177], die Richtlinie über erneuerbare Energien[178], oder die Deckelung von Bonuszahlungen[179].

Die Kollegen in London haben vor einem Jahr eine Liste der 100 „teuersten" EU-Regeln zusammengestellt, die Großbritannien jährlich Kosten in Höhe von 33 Milliarden GBP verursachen.[180]

Kosten und Nutzen von Regulierungen

Grundlage dieser Rechnung sind Schätzungen der britischen Regierung selbst. Das ist das Besondere an Großbritannien: mehr als in allen anderen OECD Ländern sind hier für Regulierungen recht umfangreiche, transparente und systematische Kostenfolgeabschätzungen (Regulatory Impact Assessments, RIA) vorgeschrieben – und erfolgen auch.

---

[177] http://eur-lex.europa.eu/LexUriServ/LexUriServ.do?uri=OJ:L:2004:373:0037:0043:de:PDF
[178] http://eur-lex.europa.eu/LexUriServ/LexUriServ.do?uri=OJ:L:2004:373:0037:0043:de:PDF
[179] http://www.faz.net/aktuell/wirtschaft/deckelung-eu-begrenzt-boni-von-bankiers-12122426.html
[180] http://openeurope.org.uk/intelligence/britain-and-the-eu/top-100-eu-rules-cost-britain-33-3bn/

Figure 3. Regulatory Impact Assessment for developing primary laws

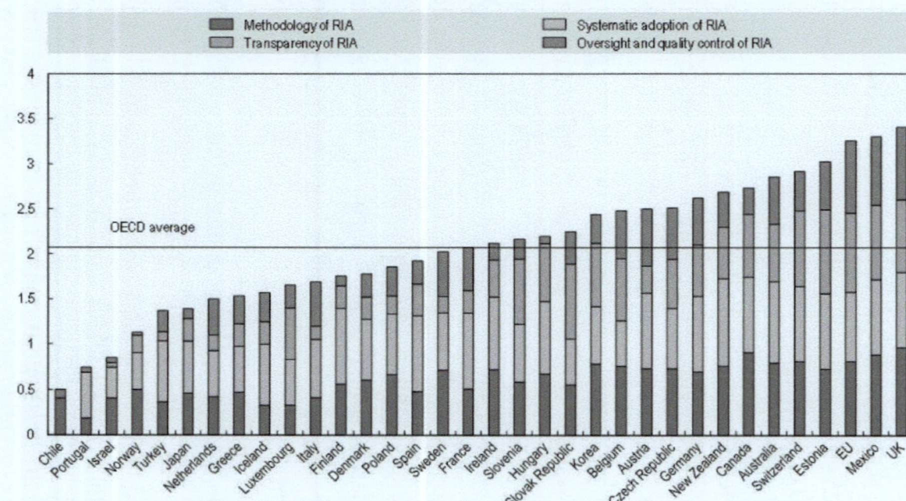

Note: The results apply exclusively to processes for developing primary laws initiated by the executive. The vertical axis represents the total aggregate score across the four separate categories of the composite indicators. The maximum score for each category is one, and the maximum aggregate score for the composite indicator is four. This figure excludes the United States where all primary laws are initiated by Congress. In the majority of countries, most primary laws are initiated by the executive, except for Mexico and Korea, where a higher share of primary laws are initiated by parliament/congress (respectively 90.6% and 84%).

Source: 2014 Regulatory Indicators Survey results, www.oecd.org/gov/regulatory-policy/measuring-regulatory-performance.htm.

Nun sind Kosten (für Produzenten wie für Verbraucher) nur das eine. Das andere sind die Nutzen. Auch diese werden in den RIAs geschätzt, sind freilich methodisch meist weniger genau zu fassen (ebenso wie die indirekten Kosten als Folge sinkender Wettbewerbsfähigkeit oder Produktivität, die in die IRAs nicht eingehen).

Die britische Regierung stellt den insgesamt 33,3 Milliarden GBP Kosten einen Gesamtnutzen von 58,6 Milliarden GBP gegenüber. Das wiederum sind häufig erhoffte Wunschzahlen. So unterstellte man für die EU-Richtlinien zum Klimawandel, dass vor 2010 ein globales Abkommen zur Reduzierung von CO2 Emissionen erzielt werden könne. Dazu kam es freilich nicht; wohl aber kam es zu den Kosten. Open Europe hat auch festgestellt, dass bei immerhin 26 der 100 EU-Regulierungen die britische Regierung selbst feststellt, dass die Kosten den Nutzen überwiegen und bei weiteren 31 Regulierungen keine klare Aussage gemacht werden kann.

Echte Ersparnisse einer Deregulierung (post-Brexit) wären vor allem bei EU-Vorgaben in den Bereichen Soziales, Beschäftigung, Gesundheit, sowie Umwelt und Klimaschutz und schließlich bei Finanzdienstleistungen zu erzielen.

Was geht, und was nicht geht

Freilich wäre es naiv, zu denken, man könne sich nach einem Brexit diese 33 Milliarden GBP schlicht sparen. Dies aus zwei Gründen:

Erstens ist nicht jede Deregulierung sinnvoll und politisch durchsetzbar. Großbritannien ist (trotz EU-Mitgliedschaft ...) in den Bereichen Effizienz und Flexibilität auf dem Arbeitsmarkt bereits in den Top 10 der Welt und gilt hier am wettbewerbsfähigsten unter den EU-Mitgliedern.[181] Politisch machbar (und je nach Meinung auch: sinnvoll) wären hier statt neun knapp sechs Milliarden Einsparungen (jeweils jährlich). Im Bereich Umwelt und Klimaschutz könnte vor allem der Abschied von EU-Vorgaben für erneuerbare Energien einige Milliarden einsparen. Das heißt nicht, dass dadurch Großbritannien zum „Klimakiller" würde. Tatsächlich verfolgt die britische Regierung beim CO2 Ausstoß weit ehrgeizigere Ziele als von der EU verlangt; sie tut dies aber mit anderen Mitteln – vor allem auf dem Weg des Emissionshandels. Im Bereich Finanzmarktregulierung geht Großbritannien auch teilweise über das Niveau anderer EU-Länder hinaus; teilweise wünscht man sich aber auch mehr Flexibilität, um den Standort Londons als weltweit führendes Finanzzentrum verteidigen zu können. Politisch machbar (und ggf. sinnvoll) wären hier statt der denkbaren Einsparungen von 9 Milliarden GBP nur knapp eineinhalb Milliarden GBP pro Jahr.

---

[181] http://reports.weforum.org/global-competitiveness-report-2015-2016/competitiveness-rankings/

Sector	Current annual cost (£bn)	Feasible annual saving (£bn)
Social, Employment, Health & Safety laws	9	5.6
Environment and Climate Change laws	11.9	5.8
Energy	1.6	0
Consumer protection	1.2	0
Competition and public procurement	N/A	N/A
Financial Services	7	1.4
Product Standards	1.9	0
Life Sciences	0.4	0
Total Regulation	33	12.8

Zweitens stellt sich die Frage, ob Großbritannien nach einem Brexit überhaupt den Freiraum für all diese möglichen Deregulierungsschritte hätte.

Im Falle eines Beitritts zum Europäischen Wirtschaftsraum, der umfassenden Zugang zum EU-Binnenmarkt gewähren würde („Norwegisches Modell"), wäre davon fast nichts zu realisieren. Von den 100 kostenträchtigsten EU-Regulierungen musste Norwegen 93 übernehmen (und damit 94% der Kosten) – und dies, ohne in den EU-Institutionen irgendein Mitspracherecht zu haben.

Wie beim Thema Migration zwingt die politische Realität Großbritannien auch beim Thema (De-)Regulierung einen trade-off zwischen EU-Marktzugang und UK-Souveränität auf: nach der „Scheidung" (Brexit) kann man nicht ohne weiteres die vorteilhaften Seiten der Partnerschaft wieder zurückerhalten, ohne dafür einen Preis zu bezahlen.

Dies hat Premierminister Cameron im Februar im britischen Unterhaus (als Innuendo auf seinen damals frisch erklärten Gegenspieler Boris Johnson) recht gewitzt so formuliert:

"Sadly, I've known a number of couples who have begun divorce proceedings ... But I don't know any who have begun divorce proceedings in order to renew their marriage vows! ... "I won't dwell on the irony ... that some people apparently want a Leave vote only to remain."[182]

---

[182]http://www.telegraph.co.uk/news/newstopics/eureferendum/12168677/EU-referendum-David-Cameron-treats-Boris-Johnson-to-the-thrashing-of-his-life.html

UNTERSTÜTZEN SIE UNS

Open Europe Berlin ist eine schlanke, kosteneffiziente Organisation, die ausschließlich durch Spenden finanziert wird. Im Gegensatz zu den meisten etablierten Instituten und Organisationen, die sich mit EU-Politik beschäftigen, erhalten wir keine Gelder von den Europäischen Institutionen, der deutschen Regierung oder Interessenverbänden. So bleiben wir unabhängig. Wir brauchen Ihre Unterstützung, um weiter konstruktive Beiträge für eine transparentere, demokratischere, offene und wettbewerbsfähige Europäische Union zu leisten.

Kontoinhaber Open Europe Berlin gGmbH

IBAN DE52 1005 0000 0190 2507 47

BIC BELADEBEXXX

Kreditinstitut Berliner Sparkasse

Bitte geben Sie auf Ihrer Überweisung auch Ihre genaue Anschrift mit an, damit die Spende Ihnen korrekt zugeordnet werden kann und Sie eine Zuwendungsbestätigung für den späteren Abzug beim Finanzamt erhalten können.

Sie können auch sicher über **PayPal** spenden.

Ihre Spenden fließen direkt in unsere Aktivitäten im Bereich der Forschung, Bildung und Öffentlichkeitsarbeit. Open Europe Berlin ist eine eigenständige gemeinnützige Organisation gGmbH). Sie bekommen von uns eine Spendenbescheinigung und können Ihre Spenden von den Steuern absetzen.